Heleno Saña
Verstehen Sie Deutschland?

Heleno Saña

Verstehen Sie Deutschland?

Impressionen
eines spanischen Intellektuellen

Mit Nachworten
von María Cano-Caunedo
und Ulrich Sonnemann

Edition Qumran
im Campus Verlag

CIP-Kurztitelaufnahme der Deutschen Bibliothek

Saña, Heleno:
Verstehen Sie Deutschland? : Impressionen e. span. Intellektuellen / Heleno Saña. Mit e. Nachwort von María Cano-Caunedo. – Frankfurt/Main ; New York : Edition Qumran im Campus-Verl., 1986.
ISBN 3-88655-216-0

Umschlag-Motiv: Francis Picabia, Printemps, 1938
Typographie: Fritz Holzmann, Frankfurt
Satz: VA Peter Großhaus, Asslar-Werdorf
Druck: Neotype-Druck Klaus Kroner, Offenbach
Bindung: Georg Kränkl, Heppenheim

Printed in Germany
ISBN 3-88655-216-0

INHALT

Kant, Hegel und die Innerlichkeit 95
Die feine Art des Rassismus
oder: Herr-Knecht-Verhältnis 98
Deutsches Theater 102
Das Ganze und die Teile
oder Don Quichotte in der Emigration 104

Nachworte
von María Cano-Caunedo 110
und Ulrich Sonnemann 115

LIEBEN SIE DEUTSCHLAND?

Ob ich Deutschland liebe, hat man mich seit meiner Ankunft in der Bundesrepublik tausendmal gefragt. Ich stand da immer ein bißchen verlegen vor dieser Frage, schon deshalb, weil sie im Grunde falsch gestellt ist, denn Deutschland ist keine Einheit, sondern ein Dualismus, was übrigens für alle Länder gilt, und so kann meine Antwort nur eine dualistische sein. Es gab immer zwei Deutschland, und die heutige geopolitische Teilung hat mit diesem geistesgeschichtlichen Zwiespalt nichts zu tun. Von diesen zwei entgegengesetzten, antagonistischen Deutschland kann ich nur eines lieben, das andere nicht.

Das Deutschland, das ich liebe, ist – soll ich es ausdrücklich erklären? – das Deutschland des Humanismus und der Kultur, der Sensibilität und der Kunst, der Toleranz und der Freundschaft. Aber dieses »edle Deutschland« war oft in Bedrängnis, nur teilweise sichtbar, manchmal sogar völlig verschwunden, als wäre in diesem Land das Licht der Vernunft und der Menschlichkeit ausgegangen. Es war und ist weiterhin nur ein Teil der Wirklichkeit, als Ganzes bleibt es ein Ideal.

Es gibt dann das andere Deutschland, das ich auf Schritt und Tritt treffe, das man nicht übersehen kann, weil es sich allgegenwärtig und massiv zeigt: Ich meine das Deutschland der Arroganz, der Brutalität und Kälte, des Banausentums, des Rassismus und der Unmenschlichkeit. Dieses Deutschland liebe ich nicht, gerade weil es die Verneinung des anderen besseren Deutschland darstellt. Aber ich bin natürlich nicht der einzige, der so fühlt, der dieses Deutschland ablehnt; es hat immer viele Deutsche gegeben, die es auch verabscheut haben, gerade die besten von ihnen. Ich sage also nichts Neues, nichts, was die Deutschen nicht selbst wüßten, und nicht erst seit heute.

Erich Mühsam zum Beispiel war einer dieser Deutschen, der aus demselben Grund wie ich eine scharfe Trennungslinie zwischen den beiden Deutschland zog: »Deutsches Wesen hat für mich nichts zu schaffen mit Hohenzollerntum und patriotischer Staatspolitik, nichts mit 42-Zentimeter-Geschossen und Unterseebooten, nichts mit Machtgeltung und den ökonomischen Interessen spekulativer Landsleute. Unter deutschem Wesen verstehe ich einen geistigen Wert, der sich ausdrückt in den Phänomenen deutschen Kulturschaffens, in den Werken des Holbein und Dürer, Walter von der Vogelweide und Jakob Böhme, Hans Sachs und Grimmelshausen, des Kant, Hölderlin, Goethe, Schiller, Jean Paul, Lichtenberg, Platen, in den Werken der Romantiker und der Dichter, bildenden Künstler, Philosophen und Forscher nach ihnen und bis in unsere Tage, sofern ihnen Ewigkeitsgehalt innewohnt. Das so verstandene deutsche Wesen im deutschen Volk wieder bewußt zu machen, indem die Grimasse des Deutschtums, die der nationalistische Wahn als Antlitz unserer Kultur vortäuschte, in ihrer verlogenen Abscheulichkeit entlarvt wird – darauf kommt es... an.«

Meine Zuneigung zu dem menschlichen Deutschland ist kein bloßes Lippenbekenntnis, keine nur verbale Aussage, kein Akt der Höflichkeit: Ich habe sie mir soweit ich konnte angeeignet, ich trage sie in mir selbst, sie ist ein unzertrennlicher Bestandteil meiner eigenen Person geworden. Hölderlin ist mein Bruder, ebenso wie alle anderen Deutschen, die mein Wesen mit ihrem Werk, mit ihrem Beispiel bereichert haben, auch diejenigen, die mir im Laufe der Jahre mit Freundlichkeit und Wärme begegnet sind, die mir ohne Vorurteile und Hintergedanken ihr Herz öffneten, betrachte ich als meinesgleichen, auch wenn sie nicht meine Landsleute sind. Mein Bekenntnis zu Deutschland, das ist die Sprache, die ich gelernt habe, die Sprache, die ich benutze, um diese Aufzeichnungen niederzuschreiben, und schließlich der Inhalt dieser Aufzeichnungen selbst, auch dort, wo er kritisch und wenig schmeichelhaft für die Deutschen ist. Meine Liebe zu Deutschland, das ist die Mühe, die ich mir gegeben habe, dieses schwierige, widerspruchsvolle und unzugängliche Volk zu verstehen und von ihm zu lernen, ein Prozeß, der nie abgeschlossen sein kann, der eines ständigen, prüfenden, wägenden Blickes bedarf.

Ich gestehe, daß ich keiner Affenliebe fähig bin; ich kann nicht mit geschlossenen Augen lieben, ich behalte dabei mein Selbstbewußtsein, meinen kritischen Sinn, meine eigene Identität. Liebe um den Preis der Selbstaufgabe und der Selbstverleugnung ist für mich unverständlich. So habe ich jedesmal mit Unbehagen reagiert, wenn meine Gesprächspartner von mir ein totales, absolutes Bekenntnis zu Deutschland erwartet haben, ohne Wenn und Aber. Nationale Fahnen und Embleme haben mir nie gefallen, und der einzige kategorische Imperativ, den ich respektiere, ist der Kantische.

Schon aufgrund meiner intellektuellen Tradition konnte mein Verhältnis zu Deutschland kein einfaches, bequemes, idyllisches sein; es mußte unvermeidlich einen spannungsgeladenen, dialektischen Charakter haben. Sicher bestehen zwischen Spaniern und Deutschen gewisse Berührungspunkte, sogar tiefe Wahlverwandtschaften, und dennoch gibt es kaum zwei europäische Völker, die gegensätzlicher sind; wenn dieses Anderssein nicht zu weiteren geschichtlichen Konflikten geführt hat, dann nur darum, weil zwischen unseren beiden Ländern die große, ausgedehnte Ebene Frankreichs liegt.

Ich habe nicht die Absicht, in diesen Aufzeichnungen die Unterschiede und Antagonismen, die zwischen unseren beiden Völkern bestehen, zu verwischen oder zu bagatellisieren; im Gegenteil, ich lasse sie bewußt zum Ausdruck kommen, nicht nur, um der Wahrheit treu zu bleiben, sondern auch, weil ich den Sinn meiner Beobachtungen darin sehe, Deutschland und die Deutschen mit dem Maßstab eines Spaniers zu messen – allerdings eines europäisierten Spaniers.

Ich war, als ich in die BRD kam, keine »tabula rasa«, nicht aus der Wildnis aufgetaucht. Mit Verlaub gesagt, ich stamme auch aus einem Kulturvolk, genauer gesagt, einem viel älteren

Kulturvolk als die Deutschen selbst sind, einem Volk, das, als die Germanen in den Wäldern und Sümpfen Nordeuropas ihr tribales Nomadentum trieben, schon Philosophen und Kaiser wie Seneca und Trajan an das Römische Reich gegeben hatte. Barcelona, die Stadt, in der ich geboren bin, ist doppelt so alt wie die älteste deutsche Stadt Trier. Die spanischen Klassiker aus dem »goldenen Jahrhundert«, selbst Erbe der antiken Kultur und Zivilisation, die ihre befruchtende Spur auf der iberischen Halbinsel hinterlassen hatten, haben das deutsche Geistesleben nicht unwesentlich beeinflußt, direkt oder durch Vermittlung der österreichischen, französischen, italienischen oder englischen Kulturen. Ich kann nicht den »Simplizissimus« lesen, ohne an die spanischen Schelmenromane von Mateo Alemán oder Espinel zu denken, vom Einfluß Guevaras oder Quevedos ganz zu schweigen. Auch im Theater haben Lope, Calderón und andere spanische Klassiker auf deutschen Bühnen eine große Resonanz gefunden. Lessing hielt es noch für nötig, »Examen de ingenios« von Juan Huarte zu übersetzen, Wieland war ein glühender Verehrer von Cervantes' »Don Quichotte«, ein Buch, das, 1648 zum ersten Mal in die deutsche Sprache übersetzt, sich wie ein roter Faden durch die moderne deutsche Literatur zieht. Herder befaßte sich in den letzten Jahren seines Lebens mit dem spanischen »Cancionero«, mit dem Gesang von »Mio Cid«. Johann Gottlieb Fichte bewunderte Cervantes, übersetzte ihn auch und bedauerte, nicht das Schicksal eines Philosophen-Soldaten erlebt zu haben, wie es der spanische Klassiker verkörpert. Sein heroisches Ideal, seine Philosophie der »That-Handlung« war im Grunde eine theoretische Vertiefung und Systematisierung des tätigen Idealismus Cervantes'.

Man kennt die enge Verbindung zwischen Schopenhauers Pessimismus und dem Werk von Gracián, eines Philosophen, den er eingehend las, der ihn in seiner skeptischen Weltanschauung bestärkte. Auch Calderón, den er im Original las, war einer seiner großen Lehrer, und die Verse, die er oft zitierte, entsprachen im Grunde dem Kern seiner eigenen Meinung: »Denn geboren zu sein ist des Menschen größte Sünde.«

Wilhelm von Humboldt beherrschte nicht nur die spanische Sprache, er reiste auch ins Baskenland, um die Kultur dieses Volkes »in situ« kennenzulernen. Und man braucht nur einen flüchtigen Blick auf die deutsche Romantik zu werfen, um festzustellen, welch breiten Raum dort die großen Vertreter der spanischen Literatur einnehmen. Schon der Begriff Romantik ist eine Ableitung vom spanischen »Romance«, wie A.W. Schlegel feststellte. Auch Wilhelm Busch war ein Verehrer Don Quichottes, den er als ein Muster des »unverwelklichen Scherzes« sah.

Selbst Marx hielt es noch für angebracht, die spanische Sprache zu lernen, um die spanischen Klassiker im Original lesen zu können, und man weiß, daß er in den Zeiten der Internationale mehr als einmal die spanischen Genossen verblüffte, wenn er ganze Passagen aus »Don Quichotte« auswendig vortrug. Der Spanier Anselmo Lorenzo, der Marx in London besuchte, war tief beeindruckt von den Kenntnissen, die sein deutscher Gastgeber von der spanischen Kultur zeigte: »Es versetzte mich in Erstaunen, was er über unser antikes Theater sagte, dessen Geschichte, Wechselfälle und Fortschritte er ausgezeichnet beherrschte. Calderón, Lope de Vega, Tirso und andere, die seiner Meinung nach nicht nur große Meister des spanischen, sondern auch des europäischen Theaters waren, wurden gründlich und, wie es mir schien, sehr gerecht analysiert und beurteilt... Ich muß noch bemerken, daß die Unterhaltung in spanischer Sprache geführt wurde, die Marx fließend mit guter Syntax sprach...« (aus »Gespräche mit Marx und Engels«, herausgegeben von Hans-Magnus Enzensberger). Auch Engels las und schrieb ein passables Spanisch, korrespondierte fleißig mit seinen Genossen und Getreuen auf der iberischen Halbinsel.

Ich erinnere nicht an diese heute ziemlich vergessenen

Dinge, um die Bedeutung der spanischen Kultur hervorzuheben und damit zu prahlen – was gegenüber dem Volke Kants und Goethes lächerlich wäre –, sondern um klar zu machen, daß ich Deutschland nur aus der Perspektive des spanischen geistigen Erbes sehen und messen kann, nicht aus der Optik eines unpersönlichen Beobachters. Jedes Urteil von mir ist, bewußt oder unbewußt, unzertrennlich mit meinem spanischen Hintergrund verbunden, und diese Aufzeichnungen müssen deshalb als die Begegnung zweier Kulturen und Lebensauffassungen verstanden werden.

Daß diese Begegnung für mich nicht immer leicht war, ist einleuchtend. Die Freundschaft zwischen Angehörigen verschiedener Völker und Kulturen ist ein schwieriges Unterfangen, wie schon Kant wußte: »Die menschliche Natur erscheint niemals weniger liebenswürdig, als im Verhältnis ganzer Völker gegeneinander«. Vorurteile müssen überwunden, vorgefaßte Meinungen fallengelassen, Gemeinplätze überprüft, Enttäuschungen und Rückschläge gefaßt hingenommen werden. Dieser Prozeß erfordert Zeit, Geduld, guten Willen und vor allem gegenseitigen Respekt. Nur unter diesen Voraussetzungen kann die Begegnung mit einer fremden Kultur und einer fremden Lebensart fruchtbar sein und nicht mit einem Fiasko enden.

Ich habe mich während der vielen Jahre, die hinter mir liegen, bemüht, diesen Gesetzen zu folgen und Deutschland mit unvoreingenommenen Augen zu betrachten. Ich wußte, daß ich mich in einem Land befinde, das eine der reichsten, bedeutendsten Kulturen des Abendlandes besitzt, von der ich viel lernen kann, weil sie Elemente enthält, die in der iberischen geistigen Tradition entweder ganz fehlen oder nur ansatzweise vorhanden sind. Ich habe diese Möglichkeit der eigenen Weiterbildung mit Elan genutzt, ohne dabei zu bedauern, meine eigene spanische Vergangenheit in wesentlichen Aspekten aufgeben zu müssen. Aber ich wußte auch, daß die deutsche Geschichte – die neuere vor allem – wenig ehrenvolle Kapitel enthält.

Damit konnte ich mich niemals versöhnen, und dies ist der Grund, daß mein Aufenthalt in der BRD teilweise und in entscheidenden Punkten ein Prozeß der inneren und permanenten Ablehnung und Selbstabwehr war.

Auf die mir so oft gestellte Frage, ob ich Deutschland liebe, kann ich also nicht einfach mit Ja oder Nein antworten. Diese Blätter sind ein Versuch, die richtige, angemessene Antwort zu finden.

ERSTE EINDRÜCKE

Das Deutschland, in das ich 1959 kam, war die Mischung eines Volkes, das die Niederlage des Dritten Reiches seelisch noch nicht überwunden hatte, andererseits aber schon mit Stolz auf den wirtschaftlichen Wiederaufbau hinwies. Ein innerlich gespaltenes Volk, mit Schuld- und Schamgefühlen über die Vergangenheit beladen und gleichzeitig von dem tiefen Bedürfnis beherrscht, sich und den anderen mit neuen Leistungen zu beweisen, daß es doch ein wertvolles Volk sei.

Die neue Seele der Deutschen war aus Statistiken und Erfolgsbilanzen gemacht. Heinrich Böll hat dies auf seine Weise sehr treffend in einer kurzen Passage in »Billard um halb zehn« ausgedrückt: »Es muß dir doch merkwürdig vorkommen«, sagte Nettlinger, »nach so langer Zeit und unter solchen Umständen wieder in Deutschland zu sein; du wirst es nicht wieder erkennen.« »Ich erkenne es sogar wieder«, sagte Schrella, »ungefähr, wie man eine Frau wiedererkennt, die man als Mädchen geliebt hat und zwanzig Jahre später wiedersieht; nun, sie ist ein bißchen fett geworden; talgige Drüsen; offenbar hat sie einen nicht nur reichen, sondern auch fleißigen Mann geheiratet; Villa am Stadtrand, Auto, Ringe an den Fingern...«

Solch ein Ausgangspunkt konnte die Schatten der Vergangenheit, das Unheilvolle, das in ihm lag zwar überdecken, aber nicht überwinden, »aufheben«. Auf diese Art konnte eine neue Fassade entstehen, sogar äußerlich glänzend, aber ohne festen Grund. Die gerühmte, viel gepriesene deutsche Innerlichkeit wurde über Bord geworfen, als ein unnötiger Ballast, und durch dynamische Äußerlichkeit und hektische Betriebsamkeit ersetzt.

Die Städte, die ich sah – weitgehend vom Krieg zerstört und wieder aufgebaut – waren eine Widerspiegelung der neuen deutschen Seele: glatt, kalt, unpersönlich, phantasielos, zweckmäßig, improvisiert. Menschen, die so bauen, die in diesen grauen, trostlosen Mietskasernen wohnen – sagte ich mir – können nicht glücklich sein. Es war ein Willkürakt und nicht nur eine Geldfrage, denn als es wieder Geld gab, um bessere, schönere, humanere Häuser zu errichten, wurde genauso häßlich gebaut.

Ich kam in die Bundesrepublik mit eher negativen Vorstellungen. Als Kind hatte ich in Barcelona während des Bürgerkrieges die Luftangriffe und Bombardements der »Legion Kondor« miterlebt, und in meinem Elternhaus war man während des II. Weltkrieges ganz auf seiten der Alliierten. Mein Vater, ein militanter Antifaschist und Linksgewerkschafter, nahm mit Freude jede Niederlage der Wehrmacht auf, sowie jeden Sieg der Engländer, Russen oder Amerikaner. Die Deutschen waren für mich das Volk, das den Franco-Aufstand von 1936 unterstützt und mit seiner Hilfe entscheidend zum Sieg der Putschisten beigetragen hatte. Es war das Volk, das sechs Millionen Juden umgebracht, das in fast allen europäischen Ländern Unmenschlichkeit und Terror hinter sich gelassen hatte.

Aber ein Mensch besteht nicht nur aus politischen Ansichten, auch ich nicht. Ich wußte, daß es ein anderes Deutschland gab, außer dem faschistischen, ich kannte, wenngleich auch sehr unvollkommen, etwas von der klassischen deutschen Kultur. Ich hatte in Madrid und in Barcelona einige Deutsche getroffen, die ähnlich wie ich dachten. Ich verliebte mich in eine deutsche Frau und ihretwegen verließ ich ohne Zögern meine Heimat und reiste in die Bundesrepublik.

Ich lernte die deutsche Sprache verhältnismäßig schnell. Wenige Wochen nach meiner Ankunft war ich in der Lage, mich verständlich zu machen und mich mit den Menschen zu unterhalten. Mit meiner Frau sprach ich Englisch. Sie half mir, meine deutschen Sprachkenntnisse zu vertiefen. 1963 veröffentlichte ich meine ersten Artikel in Deutsch.

Die Gespräche, die ich anfangs mit den Deutschen führte, waren oberflächlich, sie bestanden oft aus Höflichkeitsfloskeln oder unpersönlichen Kommentaren über die Bundesrepublik und Spanien. Ich konnte kein ausgesprochenes Mißtrauen oder Zurückhaltung feststellen, eher eine gewisse Neugier, das Pittoreske, das Kontrastvolle, das Exotische an mir zu finden.

Was mir auffiel war, daß die Deutschen nicht sehr gesprächig und mitteilsam waren, daß ihre Kommunikationsbedürfnisse eher einen unpersönlichen Charakter hatten und bestimmte Bereiche und Themen von vornherein ausschlossen. Als Südländer betrachtete ich das Gespräch als etwas Selbstverständliches, als Zeichen von Wärme und Anteilnahme, und ich war dementsprechend enttäuscht. Die deutsche Wortkargheit und Zurückhaltung empfand ich als ein Zeichen von Kälte, Teilnahmslosigkeit, Gleichgültigkeit und auch als Ausdruck des Wunsches nach Einsamkeit.

Die Fähigkeit, für sich zu leben, hatte für mich zugleich etwas Deprimierendes. Leben war für mich leben mit den anderen, gesellig sein, sich für den Nächsten interessieren, Freundschaft suchen, und ich teilte, was Rousseau in seinem Brief an d'Alembert gesagt hatte: »Le plus méchant des hommes est celui qui s'isole le plus, qui concentre le plus son coeur en lui-même; le meilleur est celui qui partage également ses affections à tous ses semblables«.

Und plötzlich sah ich diese Deutschen, die mechanisch Guten-Tag sagten, die ernste Gesichter machten, die kaum lachten, und die jeden Versuch, sich ihnen zu nähern, eher als eine Störung empfanden, in ihrer Aufdringlichkeit. Jahre später stieß ich in einem Brief von Lassalle auf einen Satz, der meinen Eindruck von der Einsamkeit der Deutschen bestätigte: »Deutschland ist nicht das Land der Gesellschaft«. Ich paßte mich bald den Umständen an und gab mit der Zeit den Versuch auf, den Deutschen offen (und das heißt auch gesprächig) zu begegnen.

Ich traf mehr als einen Deutschen, der mir stolz verkündete, daß er in Spanien mit der »Legion Kondor« gekämpft hatte. Sie erzählten mir von ihren Heldentaten, ohne vorher zu fragen, ob ich ein Gegner oder ein Anhänger Francos war. Ja, der freudigen Art, in der sie mir ihre Erlebnisse in Spanien mitteilten, entnahm ich, daß sie sich nicht vorstellen konnten, daß es Spanier gab, die Grund hatten, die »Legion Kondor« zu verfluchen. Hier erkannte ich zum ersten Mal, wie naiv, plump und phantasielos ein Deutscher sein konnte, wie unfähig, sich in die Lage anderer Menschen zu versetzen, wie selbstverständlich er annimmt, daß seine Erlebnisse und Vorstellungen die einzig richtigen sind und deshalb auch von den anderen geteilt werden müssen. Selbst Romain Rolland mußte, trotz seiner tiefen Liebe zu Deutschland, sich eingestehen: »... denn der Deutsche ist nie bestrebt, sich an die Stelle des anderen zu versetzen. Unabsichtlich kränkt er seine Mitmenschen und wundert sich dann, daß man ihn nicht liebt!« (»Zwischen den Völkern«)

Ich war nicht einmal böse oder empört. Warum sollte ich auch? Ich wußte, daß diese ehemaligen Legionäre Görings, die mit ihren Kriegserinnerungen vor mir prahlten, zu einer Generation von Deutschen gehörten, die Opfer der Verblendung und einer falschen politischen Erziehung waren, und daß sie die Bomben auf Guernica und andere spanische Städte geworfen hatten in dem Glauben, sie retteten das Abendland vor der »kommunistischen Bestie«. Ich sah ihre Gesichter an und stellte kein besonderes Kainszeichen fest, keine bewußte Niedertracht oder Bestialität, es waren ganz normale, alltägliche, harmlose, durchschnittliche Gesichter wie man sie überall in Mittel- und Nordeuropa finden kann. Wenn sie etwas ausdrückten, war es nicht das Böse, sondern die Mittelmäßigkeit, die unserer Zeit eigen ist. Oder was Hannah Arendt angesichts Eichmanns die »Banalität des Bösen« nannte. Nach Sokrates ist das Böse immer ein Produkt der Unwissenheit, oder wie wir heute sagen würden, der Entfremdung. Die Verbrechen der Nazis waren eine Bestätigung dieses sokratischen Gesetzes.

Und es gab nicht nur die Söldner Hitlers; es gab auch die deutschen Antifaschisten, die auf der anderen Seite für die spanische Republik mit der Waffe in der Hand kämpften, als Kombattanten an der Front, als Mitglieder der Internationalen Brigaden, als Verteidiger Madrids. Darunter befanden sich so bekannte Schriftsteller wie Ludwig Renn, Gustav Regler, Willy Bredel oder Bodo Uhse, die ich hier stellvertretend für die unzähligen Deutschen nenne, die nicht berühmt waren und deren Namen ich nicht kenne, die aber genauso ihr Leben für die Freiheit meiner Heimat riskierten. Und noch viel größer war die Zahl jener Deutschen, die sich in der ganzen Welt politisch, publizistisch und menschlich für das demokratische Spanien einsetzten, die mit ihren Appellen, Büchern, Berichten, Kongressen und Solidaritätsaufrufen die antifaschistische Ehre und das moralische Gewissen der deutschen Nation vertraten, von Arthur Koestler und Brecht bis Heinrich, Thomas und Klaus Mann.

Dieser Kontrast allein zeigt, wie absurd es ist, ein ganzes Volk mit einem Etikett zu versehen, als wäre es eine Ladung Vieh oder eine Sammlung serienmäßig produzierter Ware. Völker sind immer und ausnahmslos Kontrast, Diversität, Widerspruch. Sie bestehen nicht aus Nummern, sondern aus Menschen, aus einzelnen Individuen mit ihrer eigenen Persönlichkeit und ihrer eigenen Welt. Es wird immer solche geben, die gegen den Strom schwimmen, kleine Gruppen, die die triumphierenden Massenbewegungen bekämpfen. Auch die ungeheure Fähigkeit des Faschismus, die Menschen zu dressieren und gleichzuschalten, konnte dieses anthropologisch-geschichtliche Gesetz nicht brechen.

ERNSTE GESICHTER

Wolfgang Promies hat in seinem scharfsinnigen Buch »Der Bürger und der Narr« bewiesen, daß Deutschland auch eine humorvolle literarische Tradition besitzt, und dennoch ist es das Land der ernsten Gesichter geblieben.

Die großen und kleinen Vertreter des deutschen Humors, die mit ihren Romanen und Theaterstücken, mit ihren Kabaretts und Witzblättern versucht haben, die Deutschen zu einer fröhlichen Lebenshaltung zu bekehren, haben wenig Erfolg gehabt. Nicht der Frohsinn hat sich durchgesetzt, sondern der Ernst, dem Fichte in seinen »Reden an die deutsche Nation« huldigte; er sei die Grundsäule der »nationalen Erziehung«: »Wir müssen ernst werden in allen Dingen, und nicht fortfahren, bloß leichtsinnigerweise und nur zum Scherze dazusein«. Es war der pathetische Ernst Johann Gottlieb Fichtes, der sich durchsetzte, und nicht die gelassene Ironie und Heiterkeit Kants, der wie kein anderer bewies, daß Tiefe und Gründlichkeit mit Humor nicht unvereinbar sind, wie sein Schüler Herder bezeugte: »Ich habe das Glück gehabt, einen Philosophen zu kennen, der mein Lehrer war. In seinen blühendsten Jahren hatte er die fröhliche Munterkeit eines Jünglings. Seine offene, zum Denken gebaute Stirn war ein Sitz unzerstörbarer Heiterkeit und Freude; die gedankenreichste Rede floß von seinen Lippen; Scherz und Witz und Laune standen ihm zu Gebote, und sein lehrender Vortrag war der unterhaltendste Umgang«. Auch Feuerbach scheiterte mit seinem edlen Versuch, »den Humor in die Wissenschaft einzuführen«. Das professorale Deutschland wurde bis zu Heidegger hin ein sakraler Ort des deutschen Ernstes, und es gibt kein Anzeichen, daß sich daran etwas ändern wird.

Der teutonische Humor ist im großen und ganzen ein literarisches Produkt geblieben, dringt nicht in das Alltagsleben dieses Volkes ein, ist theoretisch und nicht praktisch, oft nur eine aus dem Ausland importierte Mode oder Technik, keine aus der Tiefe des deutschen Gemüts entspringende Haltung. Das hat auch Promies herausgestellt: »Der entscheidende Mangel der deutschen Humoristen ist vermutlich gewesen, daß sie nicht vollends Mut hatten, mit der ganzen Person für die willkommene Narrenfreiheit einzutreten. Die Allusion des Narren blieb auf dem Papier, in Vorreden Usance, während die bürgerliche Person sich nach wie vor der Konvention bequemte, beflissen, so zu sein wie die anderen«.

Ich schreibe diese Notiz an einem regnerischen, feuchten, grauen Dezembermorgen, und es liegt nahe, einen kausalen Zusammenhang zwischen diesem trübsinnigen Wetter und dem seelischen Trübsinn der Deutschen herzustellen. Natürlich wäre es zu banal, die tief verankerte Humorlosigkeit der Deutschen nur mit der Wechselwirkung zwischen klimatischem Environment und Gemütsverfassung erklären zu wollen. Das englische Wetter mit seinem sprichwörtlichen Nebel ist nicht minder trübselig als das deutsche, und dennoch hat dies den englischen Humor nicht verhindert. Bei den Briten ist es ja geradezu eine Art Sport, das Leben von seiner komischen Seite zu betrachten, eine Kunst, die die Deutschen wenig beherrschen – trotz ihres Karnevals, wo man freilich ausgiebig lacht und singt, aber nur für ein paar Tage; dann kommt der Aschermittwoch – und damit die gewohnten langen Gesichter.

Das Wetter ist freilich kein neutrales, abstraktes Element. Hippolyte Taine stellte einen tiefen Zusammenhang zwischen den geographisch-klimatologischen Bedingungen und der Kunst eines Landes her, Montesquieu und Rousseau griffen zu ähnlichen Überlegungen, um bestimmte Sitten und Eigenschaften der nordischen und südlichen Völker zu begründen. F. C. Delius hat in seinem anregenden Buch »Der Held und sein Wetter« die Rolle untersucht, die das Wetter – allerdings das »fiktive« – im deutschen bürgerlichen Roman gespielt hat, in welchem Ausmaß die literarischen Helden Jean Pauls, Fontanes oder Raabes mit den Wetter-Faktoren verflochten sind, auch wie das Wetter von den Autoren oft benutzt wird, um bestimmte Stimmungswerte und ideologische Nebeneffekte zu erzielen.

All dies ist wichtig – in der Literatur wie im Leben –, aber damit kann man nicht den deutschen Nationalcharakter erklären. Es muß andere Gründe geben für den teutonischen Hang zu Trübsal, und einer dieser Gründe könnte in einer falschen Erziehung liegen.

Die Erziehung war in diesem Land grundsätzlich autoritär, auf Zucht und Drill bedacht, eine pädagogische Tradition, die verheerende Folgen für die Entwicklung der Deutschen gehabt hat, menschlich und vor allem politisch. Alice Miller hat in ihrem Buch »Am Anfang war Erziehung« daran erinnert: »Unter allen führenden Gestalten des Dritten Reiches habe ich keine einzige gefunden, die nicht streng und hart erzogen wäre.« Und weiter: »Die totale Unterdrückung der Kinder unter den Willen der Erwachsenen wirkte sich nicht erst in der späteren politischen Hörigkeit aus (z. B. im totalitären System des Dritten Reiches), sondern vorher schon in der inneren Bereitschaft zur neuen Unterwerfung, sobald der Jugendliche aus dem Haus kam«.

Hartmut von Hentig, der an die Tradition Rousseaus anknüpft und immer um ein Gleichgewicht zwischen persönlicher Selbstbestimmung von Schülern und Studenten und der Vermittlung von Fachwissen bemüht ist, hat auf den kausalen Nexus hingewiesen, der zwischen Erziehung und politischer Kultur besteht, und klar gemacht, daß es keine rationale Selbstbestimmung und Mitbestimmung in der Gesellschaft geben kann, wenn sie vorher nicht in der Schule schon praktiziert worden sind. Entsprechend vernichtend ist sein Urteil über das deutsche Bildungswesen: »Unsere Neger sind die Kinder und Jugendlichen – und wir verfahren mit ihnen insgesamt so falsch wie die Amerikaner mit ihrer vernachlässigten Minorität.« (»Spielraum und Ernstfall«)

In einem anderen Werk sagt er: »Auf der Schule wie auf der Universität muß man lernen können, wie man Entscheidungen trifft – aufgrund wissenschaftlicher Daten, in kommunikativen Prozessen, mit unbestimmtem Ausgang – und das heißt: auch gegen die herrschenden Ordnungen und Autoritäten. Solange die Lehrenden darauf bestehen, daß sie schon deshalb recht haben, weil sie ordiniert sind und die ›gesetzliche Verantwortung tragen‹, kann gerade das nicht zur Geltung kommen, was sie für sich in Anspruch nehmen: die Überlegenheit ihres Sachwissens und ihrer Erfahrung. Wenn ein Professor ablehnt, mit den Studenten zu diskutieren, weil das zu nichts führe, muß er sein Amt aufgeben.« (»Die Sache und die Demokratie«)

Um die Verkrustung der deutschen Erziehung zu überwinden, empfiehlt er unter anderem »etwas mehr Humor«. Humor und Ironie sind sehr geeignet, das Lächerliche zu entlarven, das in jeder autoritären Gebärde steckt. Ulrich Sonnemann sieht im Lächerlichmachen den wirksamsten Weg, um den mumifizierten Institutionalismus, der in Deutschland immer geherrscht hat, zu sprengen, und in diesem Zusammenhang meint er, daß Deutschland zu einer richtigen Kultur kommen wird, »wenn der Geist der Humanität und der Ironie erst bis in die Tertia dringt und mit den Tertianern dann aufsteigt«.

Die spanischen Schüler werden schon beim Lesen des »Don Quichotte« mit dem Humor vertraut, was das spontane Lachen und die Rezeptivität für die Ironie fördert. Kein Wunder, daß Wieland dem Werk Cervantes' mehr erzieherischen Wert beimaß als dem »Organon« von Aristoteles. Spanische Lehrer wissen, daß die einzige Chance, mit ihren Schülern auszukommen darin besteht, Humor zu zeigen, der einer der Züge der spanischen Seele ist, und der uns erlaubt, das Tragische, Leidenschaftliche und Finstere in uns in einer Balance zu halten.

Die Deutschen werden ihren tierischen und verkrampften Ernst nicht loswerden, wenn sie ihr pädagogisches Selbstverständnis nicht radikal ändern, wenn sie Zwang nicht durch Freiwilligkeit ersetzen. Was Herrschaft ist, erfährt der Deutsche schon als Kind in der Schule und im Elternhaus, deshalb findet er es später als Erwachsener angemessen, daß auch in der Gesellschaft dasselbe Herrschaftsprinzip waltet.

Die deutschen Kinder wirken zu ernst, erwecken den Eindruck, kleine Erwachsene zu sein. Es ist erstaunlich, mit welch selbstverständlicher Disziplin und welchem Verantwortungssinn sie ihre Pflichten erfüllen. Im Vergleich zu ihnen wirken südländische – oder nordamerikanische Kinder – wie eine lärmende Horde. Als ich in die Bundesrepublik kam, war ich frappiert von der martialischen Verbeugung der Kinder, wenn sie einem Erwachsenen vorgestellt werden. Diese frühe Wohlerzogenheit und Fügsamkeit ist bewundernswert und in mancher Beziehung sicher sehr nützlich für die spätere Entwicklung der Kinder, aber andererseits kommt es gar nicht erst zur Entfaltung des Spielerischen. Das ist die Kehrseite der deutschen Zucht und Ordnung: der strenge Drill und der erzieherische Perfektionismus. Schade, daß die deutschen Pädagogen den »Emile« von Rousseau wenig gelesen oder beachtet haben.

Sie haben es vorgezogen, an dem Erziehungsprinzip von

Heinrich Manns »Professor Unrat« festzuhalten: »Wenn er strafte, tat er es nicht mit dem überlegenen Vorbehalt: ›Ihr seid Rangen, wie's euch zukommt, aber Zucht muß sein‹, sondern er strafte im Ernst und mit zusammengebissenen Zähnen. Was in der Schule vorging, hatte für Unrat Ernst und Wirklichkeit des Lebens. Trägheit kam der Verderblichkeit eines unnützen Bürgers gleich, Unachtsamkeit und Lachen waren Widerstand gegen die Staatsgewalt, eine Knallerbse leitete Revolution ein, ›versuchter Betrug‹ entehrte für alle Zukunft.« Die Schule wird unter diesen Umständen zu einer Art Strafkolonie.

Die Deutschen fragen sich ständig, ob es angebracht sei, in einem bestimmten Augenblick dieses oder jenes zu tun, ob sie lachen dürfen oder sich einen Scherz leisten können. Sie brauchen keinen »Big Brother«, der sie beobachtet, ihre Erziehung und Mentalität sorgen automatisch dafür, daß sie sich benehmen wie man es von ihnen erwartet, wie sie es im Elternhaus und in der Schule gelernt haben: ernst, verantwortungsvoll, korrekt, unauffällig.

Das Volk Europas, das zur Musik das innigste Verhältnis hat und sich mit der Musik ständig beschäftigt, ist dennoch ein Volk, das sozusagen nur vorschriftsmäßig oder hauptberuflich singt, aber nicht spontan und unaufgefordert, wie es Kinder und Erwachsene im Süden tun. Hinter diesem scheinbaren Paradoxon verbirgt sich der Hang zu Trübsinn und Ernst, die Unfähigkeit, den Kummer gerade durch lautes Singen zu vergessen. Wir haben in Spanien einen schönen Spruch, und ich widerstehe nicht der Versuchung, ihn hier zu zitieren, weil ich glaube, daß dahinter eine ganze Weltanschauung steckt: »Quien canta sus males espanta« (Wer singt, vertreibt seine Kümmernisse). Und da wir ein Volk sind, das mit seinen Problemen niemals fertig wurde, müssen wir viel singen, schon aus reinem Erhaltungstrieb. Die spanische Fröhlichkeit ist sozusagen eine Art Widerstandsakt gegen das elende Dasein, so etwas wie ein Exorzismus, um die bösen Geister des Alltags zu vertreiben.

Die Deutschen erfinden und erzählen sich ständig Witze, aber es fällt mir schwer, die deutschen Witze in Zusammenhang mit wirklichem Humor zu bringen. Sie wirken auf mich zu langatmig und schwerfällig, zu vernünftig und durchdacht, bar jeden springenden, überraschenden, schnellen, leichten Humors. Die deutschen Witze sind fast wissenschaftlich und philosophisch, dahinter verbirgt sich so viel Wissen und Logik, daß es mir oft schwerfällt, sie zu verstehen und ich ein ganz dummes Gesicht mache. Diese gequälten Geistesübungen sind nicht für mich gemacht.

Nach den gelegentlichen Witzen am Arbeitsplatz oder im Kreis von Freunden am Stammtisch ziehen die Deutschen ihre ernsten Gesichter, und dies scheint das unvermeidliche Schicksal eines Volkes zu sein, das alles viel zu ernst nimmt, die Witze und die Karnevalssitzungen miteinbegriffen.

Der Deutsche weiß natürlich nicht, merkt kaum, daß seine systematische Ernsthaftigkeit für einen Außenstehenden etwas Komisches hat. Deshalb eignen sich die Deutschen so vorzüglich zur Karikatur, zum Spottobjekt. Denn die Deutschen wirken nicht nur ab und zu ernst, wenn wirklich kein Grund zum Spaß besteht, sondern an und für sich, philosophisch ernst, gründlich und grundsätzlich ernst, in den kleinen und in den großen Dingen, in den transzendenten und in den banalen, im Alltag, im Beruf, im Auto, zu Hause, allein oder in Gesellschaft. Sie sind so ernst, daß sie aus diesem Wort einen Namen gemacht haben, was übrigens eine Tautologie ist, denn auch wenn die Deutschen nicht Ernst heißen, sind sie es doch alle: Ernst ist ernst.

DIE DEUTSCHEN HABEN ES SCHWER

Der Begriff Ordnung spielt bei den Deutschen eine sehr wichtige Rolle, daher die vielen Redewendungen, die um dieses Wort kreisen. Es wundert mich, daß Heidegger, der immer unterwegs zur Sprache war und eine unausschöpfliche semantische Phantasie besaß, aus diesem Wort nicht ein ganzes philosophisches System entwickelte, wie er es mit anderen Wörtern tat. »Sein und Ordnung«: wäre dies nicht vielleicht eine gute Charakterisierung für das deutsche Wesen?

Ordnung ist für die Deutschen das halbe Leben, deshalb: Ordnung muß sein, und wenn ein Deutscher sagen will, daß er mit etwas einverstanden ist oder etwas verstanden hat, sagt er oft: in Ordnung.

Nicht nur in der Sprache nimmt die Ordnung in diesem Land einen breiten Raum ein, auch im Alltag. Deshalb versucht jeder Deutsche, der etwas auf sich hält, sein Leben in Ordnung zu halten, sein Haus, seine Familie, seine Finanzen und was sonst noch dazu gehört. In Deutschland wird alles ordnungsgemäß erledigt, und ordnungshalber werden allerlei Vorschriften und Vorsichtsmaßnahmen beachtet. Aber auch im öffentlichen Leben, in der Politik wird Ordnung groß geschrieben, so daß Zucht und Ordnung oft die Allheilmittel waren, die die Staatsmänner diesem Volk angeboten haben.

Die Deutschen haben es schwer, nicht nur wegen ihrer Fehler, auch aufgrund ihrer guten Eigenschaften. Sie sind ein tugendhaftes Volk und möchten ihre unzähligen, bewundernswerten Attribute anderen, weniger begabten Völkern beibringen, darunter auch ihren ausgesprochenen Sinn für Ordnung und Sauberkeit. Sie stoßen aber immer auf die Unbelehrbarkeit der anderen, so daß es ihnen nicht gelingt, die Schlamperei und die Unordnung, die in der Welt herrschen, zu beseitigen.

Es ist ein hoffnungsloses Anliegen, welches sie bewegt, ein

Kampf, der mit Enttäuschung enden muß: Wir werden rückfällig, wir Nicht-Germanen, wir fallen immer wieder in unsere Disziplinlosigkeit und Anarchie zurück.

Ich selbst bin ein lebendiges Beispiel ausländischer Schlamperei. Ich mache immer etwas falsch, verschmutze irgendwas in der Wohnung, lasse Gegenstände liegen, wo sie nicht hingehören, verpeste die Luft mit meiner Pfeife, vergesse den Aschenbecher zu leeren, gieße nicht rechtzeitig die Pflanzen und Blumen, wenn meine Frau verreist ist, verliere regelmäßig irgendwo meinen Regenschirm oder meine Handschuhe, lasse Papier, Bücher und Zeitungen zerstreut in meinem Arbeitszimmer liegen, weiß nicht, wo sich bestimmte Dokumente befinden, meine Bücher sind nicht katalogisiert.

Wenn ich das Haus verlasse, wird es auch nicht besser: ich ziehe grundsätzlich die falschen Klamotten an, die Socken passen nicht zum Anzug, die Krawatte ist nicht richtig gebunden, gehe unachtsam an Bekannten vorbei ohne sie zu grüßen, kaufe etwas Unnützes oder Verkehrtes und vergesse dabei das Wichtigste zu besorgen. Im Gegensatz zu mir sehe ich ständig, wie ordentlich viele meiner deutschen Freunde mit allem, was sie machen, umgehen, wie pünktlich, zuverlässig, akurat, korrekt und verläßlich sie sind, mit welcher Genauigkeit sie ihre Pflichten erfüllen und ihr Leben organisieren.

So wie Deutschland das Land der Ordnung par excellence ist, komme ich aus einem Land, in dem Unordnung ein beständiges Element des Lebens ist – privat wie öffentlich –, so daß wir uns von früh an daran gewöhnen, die Unzuverlässigkeit und die Schlamperei als selbstverständlich zu betrachten. Dazu kommt, daß wir männlichen Spanier als Kinder und als Jugendliche von der Mama verwöhnt werden und nicht rechtzeitig lernen, selbständig unsere Angelegenheiten in Ordnung zu halten, ohne zu warten, daß ein weibliches Wesen – die Mutter, die Schwester – für uns einspringt. Und ich habe vier Schwestern gehabt! Ich bleibe auf jeden Fall einer von jenen

Spaniern, von denen der Aufklärungskönig Karl III. sagte: »Meine Untertanen sind wie die Kinder, wenn sie gewaschen werden, weinen sie«.

Aber diese Unart der Spanier ist in der Welt sehr verbreitet, und die Deutschen werden es schwer haben, den anderen Nationen ihren Sinn für Ordnung beizubringen. Am deutschen Wesen soll die Welt genesen. Bis jetzt ist es dennoch nicht geschehen, und ich bezweifle, daß dieser Traum eines Tages in Erfüllung gehen wird. Sie haben es auf friedlichen Wegen versucht, auch mit Schlägen und Brüllerei und schließlich mit Gewalt und Krieg, und es hat wenig gefruchtet. Mit allem Respekt für die Liebe zur Ordnung der Deutschen: Die Welt ist eben keine Erziehungsanstalt, und den deutschen Schullehrern wird es kaum gelingen, aus den Menschen erzogene, brave, gefügige Kreaturen zu machen.

METHODE

Ich wohne einer schlechten Theateraufführung bei, ein schlechtes Stück, dessen Titel und den Autorennamen ich lieber vergessen will, weil sie für den Zweck dieser Notiz irrelevant sind. Ich ertrage mit großer Mühe die ersten zwei Stunden, warte mit zunehmender Sehnsucht darauf, daß im Saal die Lichter angehen. Endlich ist es soweit. Ich bleibe während der Pause im Foyer, um die Reaktionen des Publikums zu beobachten. Ich stelle keine besonderen Zeichen von Ungeduld, Mißfallen oder Wut fest. Ringsum die üblichen nichtssagenden Gesichter, das übliche Warten auf den nächsten Akt. Ich zähle die Zuschauer, die sich zur Garderobe begeben und das Theater vorzeitig verlassen: es ist ein halbes Dutzend. Ich gehe dann auch.

Welch eine Geduld, welch eine heroische Geduld, so viel

Langeweile zu ertragen, ohne mit der Wimper zu zucken, sich zu empören oder ein kräftiges Wort gegen das Theaterstück auszusprechen. Was steht hinter dieser für mich unverständlichen Haltung? Eines scheint klar: Die Zuschauer bleiben bis zum bitteren Ende, nicht weil ihnen das gebotene Stück Spaß macht, denn so unkritisch und dumm sind sie nicht, daß sie an einem solchen nichtssagenden, banalen Schauspiel Gefallen finden könnten. Ich komme zu folgender Hypothese: Der Deutsche hat beschlossen, ins Theater zu gehen, den Abend im Theater zu bleiben, er hat dafür sein Geld bezahlt, und ergo muß dieses geplante Vorhaben bis zur letzten Konsequenz durchgeführt werden, auch um den Preis, sich tödlich zu langweilen und mit einem tiefen Frust im Magen nach Hause zurückzukehren. Der Organisationsfetischismus triumphiert über die Spontaneität, die Methode über die Improvisation, die kollektive Disziplin über die Individualität.

Ich sinne über einen Satz von Camus (in »La chute«) nach: »Quand on n'a pas de caractère, il faut bien se donner une méthode.« Da sind die Deutschen gemeint, besser gesagt, die Nazis. Die Methode wird heute natürlich nicht angewandt, um Juden fabrikmäßig zu liquidieren, das ist längst vorbei, aber der Hang, methodisch zu handeln, ist geblieben. Das ist das Markenzeichen der Deutschen, im Guten und im Bösen: fruchtbar, wenn es für positive Zwecke benutzt wird, gefährlich, wenn es unlauteren Absichten dient.

Es war ein Franzose, der den »Discours de la méthode« schrieb, aber Descartes war im Vergleich zu der deutschen Begabung zur Methodik ein Zauberlehrling. Der Deutsche plant alles im voraus, er verabscheut das Improvisieren, läßt keine Partikel seines Lebens im Unklaren. Er plant sorgfältig die Einladungen, die Urlaubsreise, die Produktion, die Lektüre, die Haushaltsausgaben, die Schlafstunden. Raum für das Unerwartete und Unvorhergesehene zu lassen, liegt ihm nicht. In jedem Deutschen steckt ein Stratege, ein Organisator ersten Ranges, ein Generalstäbler. Er will alles überschauen, im voraus beherrschen, nichts dem Zufall überlassen.

Eines Tages war ich auf dem kleinen Platz von Montmartre, wo Touristen sich für wenig Geld die Illusion leisten können, ein gutes Bild erworben zu haben. Ein Deutscher stand vor einem Maler, fragte nach dem Preis eines Bildes. Er zog einen Taschenrechner aus der Jacke und rechnete Francs in DM um. Das ist deutsch: immer mit Methode zur Sache gehen, immer vorbereitet sein, um genau und gewissenhaft zu handeln.

Ein Südländer wird immer einen Vorwand finden, sich irgendwo mit Freunden oder Arbeitskollegen aufzuhalten, weil er im Grunde nicht genau weiß, was man mit der einsamen Ruhe anfangen kann. Das Hauptelement der spanischen Lokale ist der Lärm, die lauten Stimmen, die man kreuz und quer vernimmt. Der Wirt wiederholt laut jede Bestellung, die er entgegennimmt, bedankt sich genauso laut für jedes Trinkgeld, das er bekommt, grüßt überschwenglich jeden neuen Gast, der hereinkommt und auch jeden, der das Lokal verläßt. In einer Ecke spielt eine Gruppe Männer Domino oder Karten, und nach jedem Spielzug wird kräftig auf den Marmortisch geschlagen, geklagt, gejubelt, während nebenan mit lauter Stimme eine andere Gruppe über Politik oder Fußball streitet, was nicht verhindert, daß im gleichen Moment das Fernsehgerät auf vollen Touren läuft. Es ist wie auf einem Jahrmarkt. Leise und still sind in Spanien nur die Kirchen, die Museen und die Bibliotheken. Der Rest besteht aus Krach. Deutschland ist dagegen wie ein großes Erholungsheim.

Ich betrete eine deutsche Kneipe, bestelle einen Cognac. Ich sehe, wie der Wirt peinlich genau das Glas bis zu einer gewissen Höhe füllt, die mir äußerst niedrig erscheint. Ich frage einen Freund, warum das Glas nicht einmal bis zur Hälfte gefüllt ist. Ich füge hinzu: jeder spanische Wirt hält es für eine Ehre, das Glas bis zum Überlaufen zu füllen, weil er Angst hat, als Geizhals dazustehen. Ich entdecke bald das Geheimnis.

Mehr als die vorgeschriebene Menge Alkohol ins Glas zu gießen, wäre eine gegen das Gesetz verstoßende Handlung. Den Namen dieses Gesetzes werde ich später häufig hören: unlauterer Wettbewerb. Es ist dasselbe Gesetz, das dafür sorgt, daß die Läden in der BRD alle zur gleichen Zeit ihre Türen schließen.

Ich wende mich an einen deutschen Verlag, mache ihm ein Angebot für ein Buch. Nach einiger Zeit bekomme ich einen vorgedruckten Brief, in dem man mir mitteilt, daß die zunehmenden Verwaltungsausgaben diese Form der Kommunikation unvermeidlich machen. Bei den Zeitungen ist es nicht anders: »... zwingt dazu, die Bescheide zu formalisieren. Wir bedauern das; aber wir müssen uns darauf beschränken, unverwendete Manuskripte mit Dank zurückzuschicken, ohne im einzelnen auf das Angebot einzugehen.«

Methode, überall Methode. Für den Deutschen etwas Selbstverständliches, für mich, Sohn eines anarchistischen Volkes, etwas Quälendes und Unverständliches. Liegt die Wahrheit in der Mitte, im »juste milieu«? Ewige Improvisation und Spontaneität führen zum sprichwörtlichen Chaos in den südlichen Ländern; aber unbedingte Methode als ausschließliches Kriterium des gesellschaftlichen Umgangs bewirkt die Entstehung einer Verwaltungssprache, die aus Verachtung, Arroganz und automatisierter Korrektheit besteht und die einzelnen zur anonymen Ware degradiert.

EUROPA UND DIE DEUTSCHEN: ZURÜCK ZUM URSPRUNG

Die Hinwendung zu Europa, die eines der Hauptmerkmale der westdeutschen Politik nach dem II. Weltkrieg wurde, war ein eindeutiger Notausgang für den Verlust der nationalen Identität und viel weniger der Ausdruck des deutschen Idealismus, wie man oft behauptet.

In diesem Zusammenhang von Idealismus zu sprechen, scheint mir eine Selbsttäuschung, auch ein Akt der Koketterie und Sublimierung. Das Bekenntnis zu Europa war unter den gegebenen Umständen die einzig gangbare Möglichkeit, aus der Sackgasse des verlorenen Krieges und der daraus entstandenen deutschen Teilung herauszukommen und sich ein vernünftiges Betätigungsfeld für die Zukunft zu schaffen. Das Ja zu Europa war ein Akt der Opportunität und des nüchternen Realismus, und hatte wenig zu tun mit Idealismus, der ja Selbstlosigkeit und eine Diversität von Optionen voraussetzt. Daß aus dieser Notsituation mit der Zeit ein ernstgemeintes Anliegen wurde, ist unbestreitbar, aber der Ausgangspunkt war mehr aus Kalkül entstanden als aus Idealismus. Es war für die BRD vorteilhaft – auch materiell –, die Idee Europas zu bejahen und den alten Nationalismus zu begraben. Die Deutschen konnten sich nichts anderes leisten, als sich zu Europa zu bekennen.

Gerade weil die plötzliche Liebe der Deutschen für Europa aus einer Ausnahmesituation entstanden war, wirkte sie forciert, mitunter gar aufdringlich. Die Deutschen glaubten – weil sie auf einmal beschlossen hatten, sich für eine Einigung Europas zu begeistern –, daß ihre Nachbarn mit ähnlichem Elan mitmachen würden, und sie waren enttäuscht, als sie feststellen mußten, daß bei den anderen europäischen Völkern kein dringendes Bedürfnis bestand, auf ihre eigene nationale Identität zu verzichten.

Dieses Mißverständnis hat mit Idealismus wenig zu tun, dokumentiert allenfalls, wie weltfremd die Deutschen manchmal sein können und welche Neigung bei ihnen besteht, sich an das Abstrakte zu klammern und das Konkrete zu übersehen.

Sie merkten nicht einmal, daß ihre Leistungsfähigkeit und ihre ökonomische Expansion zwar mit Bewunderung und Respekt von den anderen, nicht so leistungsfähigen europäischen Nationen quittiert wurde, aber gleichzeitig mit einem Gefühl des Mißtrauens und des Unbehagens, nicht nur, weil sie im wirtschaftlichen Wiederaufbau der BRD einen unbewußten Drang sahen, sich wieder an die Spitze Westeuropas stellen zu wollen, sondern auch, weil die Deutschen unbescheiden genug waren, mit ihren Leistungen ziemlich ostentativ zu protzen.

Die Westdeutschen haben natürlich längst verstanden, daß der Traum eines wirklich vereinigten Westeuropa vorbei ist, daß sich die nationalen Interessen über die supranationalen durchgesetzt haben. Man kann den Deutschen nicht verübeln, daß sie enttäuscht sind, enttäuschter als die anderen, weil sie sich am meisten engagiert haben. Und daß sie sich nach dieser Enttäuschung jetzt wieder auf die deutsche Nation besinnen, kann man ihnen auch nicht übelnehmen. Die Westdeutschen wollten mit ihrem typischen, schon von Tacitus gerühmten Tatendrang und ihrer Energie die Idee Europas inmitten eines Kontinents vorantreiben, der keine Eile hatte, auf seine nationalen Schranken zu verzichten. Das Fiasko war vorprogrammiert, und von diesem Moment an auch die Wiederbesinnung auf die eigene Identität. In Deutschland sind neue Generationen herangewachsen, die mit der Nazizeit und dem II. Weltkrieg nichts zu tun haben, und die deshalb mit keinen Schuldgefühlen oder Minderwertigkeitskomplexen belastet sind. Der Weg für eine Selbstrehabilitation ist wieder frei.

Ich habe immer wieder die These vertreten, daß Deutschland nicht ewig geteilt sein wird, daß die Deutschen mit ihrem sprichwörtlichen Durchsetzungsvermögen und ihrer Zähigkeit es eines Tages fertigbringen werden, die heutige Teilung zu überwinden, auf welche Art, weiß ich natürlich nicht. Das Desinteresse der Westdeutschen an der Wiedervereinigung hielt ich immer für eine vorübergehende Erscheinung, aus Frustration und Machtlosigkeit entstanden, keine endgültige Haltung. Der Deutsche hat die Möglichkeit der Wiedervereinigung aus seinem Horizont verdrängt, um sich nicht unnötig zu quälen und zu leiden, aber in seinem Unbewußten hat er sich immer nach Wiederherstellung der nationalen Einheit gesehnt. Die zunehmende Annäherung zwischen der BRD und der DDR beweist nur, daß die Ideologien nicht das letzte Wort in der Geschichte sind.

Die Demaskierungs- und Entlarvungsliteratur, die in den letzten Jahrzehnten gegen die DDR bis zum Überdruß entstand, ist passé, natürlich sind es auch die stereotypen Reden der Politiker im Parlament und im Alltag Westdeutschlands. Objektiv hat sich im Grunde wenig geändert; die Institutionen, die Apparate der DDR sind im wesentlichen dieselben geblieben, aber jetzt wird dies im westlichen Teil kaum erwähnt.

Was ist geschehen? Ein Volk arrangiert sich; müde, sich zu beschimpfen, mit einer Gründlichkeit und Penetranz zu beschimpfen, der nur Deutsche fähig sein können, bereitet es sich mit derselben Konsequenz darauf vor, sich zu versöhnen, die Entfernung und die Entfremdung zu überwinden. Und diese Wende, diese Kehre zum gemeinsamen Ursprung fängt mit der Änderung der Dialektik an, wie bei der biblischen Schöpfung: Sie ist nicht mehr Angriff, sondern Brücke, Einladung zum Miteinander.

Nicht nur die Haute Couture, auch die Geschichte unterliegt einer Art Mode oder Zeitgeist: Dasselbe Land, dieselbe Politik, dieselben Männer, die Zorn und Ablehnung hervorriefen, werden jetzt mit Glacéhandschuhen angefaßt, werden hofiert, komplimentiert, es wird ihnen geholfen. Die Deutschen sind der alten Angriffsdialektik müde, die jetzt wie verbrauchte Rhetorik wirkt. Grass' »Plebejer«, die ich ins Spanische übersetzte, weil sie mich damals reizten, haben ihre ursprüngliche Symbolik verloren, haben nur musealen Wert, genauso wie ihr geschichtlicher Anlaß, der 17. Juni. Und auch Uwe Johnsons Romane über Ost-West haben plötzlich ihren Sinn eingebüßt, als hätte dieser Epiker der Teilung alles umsonst geschrieben. Sein Tod, war er nicht das Symbol einer anachronistischen Situation?

Die Teilung, die Mauer, der Stacheldraht, die Minenfelder, die Wachtürme, der Schießbefehl, die Republikflüchtlinge, die politischen Gefangenen, die peinlichen Kontrollen an den Grenzen bestehen weiter, aber die Deutschen vernehmen sie jetzt nicht mehr, ihre Augen blicken tiefer. Die alte deutsche Fähigkeit, die Realität zu verinnerlichen, bewährt sich noch einmal. Wichtig ist jetzt nicht mehr die äußere Wirklichkeit, sondern die Welt der Gefühle und Ideen, die innerhalb dieser Wirklichkeit entstehen; noch ist dieser Wandel grundsätzlich nur Geist, Absicht, Wille, Sehnsucht, diese innere neue Welt aber wird mit der Zeit an Kraft gewinnen, bis sie sich einen Weg nach außen verschafft und dann selbst zur äußeren, tatsächlichen Form wird. Hier, in diesem genetischen Prozeß der Umformung der Äußerlichkeit durch Innerlichkeit wird gezeigt, wie ein philosophisches Volk der Faktizität der Geschichte durch bloßen inneren Willen trotzt.

Sie werden es schaffen, die Deutschen. Subjektiv haben sie schon längst begonnen, die Teilung zu überwinden: der Prozeß der Objektivierung, das Konkretwerden ist nur eine Frage der Zeit.

KRITIKLOSIGKEIT

Sind die Deutschen fähig, Kritik über sich selbst gelassen zu ertragen? Das ist für mich eine Kernfrage, der Prüfstein der geistigen und menschlichen Reife dieses Volkes.

Im großen und ganzen ist wenig Bereitschaft vorhanden, tadelnde, negative Urteile über »Mutter Germania« mit Großmut hinzunehmen, vor allem, wenn sie von Ausländern stammen. Der Deutsche neigt dazu, die Zustände wohlwollend-geduldig zu akzeptieren und sich ohne großes Wenn und Aber anzupassen. Schon Herder stellte fest: »Wir sind so erbärmlich gutherzig und indolent, daß wir uns, wenn's nun sein muß, alles gefallen lassen. Gnade Gott die Deutschen!« Als das »sklavische Land in Europa« bezeichnete Lessing Deutschland in einem Brief an Friedrich Nicolai. Und Ernst Toller an Fritz von Unruh: »Das ist eine der furchtbarsten Charakterschwächen der Deutschen: dieses Sichgewöhnen an alle Einrichtungen des Ungeistes, dieses Sichunterordnen unter die Gesetze der Unmenschlichkeit, dieses Sichwohlfühlen in der Knechtschaft, diese Scheu vor der Verantwortung, dieses Nichthören auf den Ruf des eigenen Gewissens«.

Nicht, daß den Deutschen der Sinn für Kritik fehlte; im Gegenteil: theoretisch zumindest wurde in diesem Land das Wort »Kritik« immer sehr groß geschrieben. Schon der erste große Lehrmeister der Nation, Kant, baute sein ganzes Werk auf diesem Wort auf. Marx empfahl als revolutionäres Heil die »rücksichtslose Kritik alles Bestehenden«, und eine der wichtigsten deutschen philosophischen Strömungen der letzten Dekaden trägt gerade den Titel »Kritische Theorie«.

Aber der Durchschnittsdeutsche – und von ihm ist hier die Rede – tendiert mehr zur Bejahung als zur Verneinung. Das ist auch der Grund dafür, daß Deutschland eine arme revolutionäre Tradition hat. Kritiklosigkeit und Konservatismus sind zwei grundlegende Elemente dieses Volkes. Kritiker werden hier schnell zu unbeliebten Querulanten abgestempelt, zu Friedensstörern und Demagogen.

Die Kritiklosigkeit der Deutschen, ihre Neigung, die gegebenen Verhältnisse widerspruchslos hinzunehmen, wurzelt meiner Meinung nach in dem altgermanischen Begriff der Treue als dem Bindeglied in der Beziehung zwischen den Einzelnen und den Stammesherren. Jedes Mitglied des Stammes schwört bedingungslose Gefolgschaft dem Mächtigen, dafür erhält er Schutz und Geborgenheit. Das Verhältnis zwischen den Menschen und den Oberen ist nicht durch abstrakte Klauseln geregelt, sondern durch konkrete, persönliche Bindungen. Deutschland übernimmt im Laufe des Jahrhunderts die formalen, institutionellen Elemente des griechisch-römischen Begriffs des freien Bürgers, und auch der Staat wird damit unpersönlicher und unverbindlicher als in der Feudalzeit. Aber trotz dieser historischen Entwicklung wird sich die alte germanische Bindung zwischen dem Einzelnen und den Machtträgern untergründig erhalten.

»Im Süden« dagegen wird Kritik als ein Zeichen geistiger Überlegenheit angesehen. Überhaupt sind wir Südeuropäer alle mehr oder weniger subversiv, lauter Carbonari, Jakobiner, Ketzer, Kommunarden, staatsgefährdende Elemente, wir lieben die Verschwörung und die Revolution, fühlen uns besser bei wilder Unordnung als bei zu straffer Ordnung. Es fing schon in Griechenland an, Sokrates war der erste große Kritiker der abendländischen Zivilisation, der Stammvater aller südeuropäischen Meckerer und Weltverbesserer, er lehrte in Athen, die etablierten Werte und Institutionen infrage zu stellen, deshalb wurde er von der Areopag beschuldigt, die Jugend zu verderben.

Ich habe Angst, in Deutschland diese Eigenschaft ungehemmt zu zeigen, die Überempfindlichkeit gegenüber Kritik bei meinen Gastgebern zu verletzen. Diese selbstauferlegte Zurückhaltung fällt mir schwer. Das erste, was die Iberer lernen, ist über das eigene Land herzuziehen, das ist die erste soziologische Lektion, die sie sich einprägen. Wir spotten und meckern über alles, und vor allem über uns selbst. Der spanische Anarchismus, die spanischen Bürgerkriege und die sozialen Kämpfe, auch unser politischer Niedergang sind das Produkt dieser zersetzenden Tradition.

Die Deutschen wollen respektiert werden, vor allem und unter allen Umständen respektiert werden und Respekt einflößen. Ein kritischer Ausländer, der die Frechheit besitzt, dieses ernste, respektsüchtige Volk auf einige Widersprüche und Unzulänglichkeiten hinzuweisen, ist ein störendes Element. Ich bin mir dieser Tatsache bewußt und fühle mich deshalb unfrei, nicht wegen der vielen »Verbote«, auf die meine Augen stoßen, sondern aus Angst, ich könnte mit meinen kritischen Bemerkungen den empfindsamen Deutschen zu nahetreten.

Die Deutschen wollen gelobt werden, wie kleine Kinder, die die Schulaufgaben brav und ordentlich gemacht haben. Sie schmelzen dahin, wenn man ihren Fleiß, ihr Talent, ihre Zuverlässigkeit und all die Tugenden, die sie besitzen, lobt. Wenn man sich aber wagt, Mißfallen über dieses oder jenes zu äußern, haben sie sofort eine Antwort parat: Wenn Ihnen unser Land nicht gefällt, warum bleiben Sie dann hier?

Eine logische, eine sehr deutsche Antwort, eine entwaffnende, perfekte Antwort.

DEUTSCHER SEIN, SICH ENTDEUTSCHEN

Nietzsche in bezug auf Goethe und die Deutschen: »Seine Stimme und sein Beispiel weisen darauf hin, daß der Deutsche mehr sein müsse als ein Deutscher, wenn er den anderen Nationen nützlich, ja nur erträglich werden sollte – und in welche Richtung er bestrebt sein solle, über sich und außer sich hinaus zu gehen.« (»Menschliches, Allzumenschliches«)

Tiefe, weise Worte, aber ein Rat, den die Deutschen nicht befolgt haben. Sie sind als Volk – von dem Einzelnen spreche ich nicht – eher den anderen Weg gegangen. Sie haben mit aller Kraft versucht, immer deutscher zu werden und darüberhinaus die anderen zu zwingen, sich ebenfalls zu verdeutschen. Die abendländische Geschichte der letzten hundert Jahre dreht sich um dieses unheilvolle Bestreben, Europa nach deutscher Art zu gestalten.

Der einzige Weg, der den Deutschen zur Verfügung steht, sich nützlich zu machen – für sich selbst, für die anderen Völker – ist die Kultur, der Geist, die Wissenschaft; und wenn sie diesen Weg gegangen wären, würde die Welt jetzt anders aussehen. Aber sie verleugneten ihre eigene Kultur und wählten den Weg der Gewalt, zu einem Zeitpunkt, als sich diese Kultur als maßgeblich in Europa durchzusetzen begann, z.B. in Rußland, wo schon in der Mitte des 19. Jahrhunderts die Vorherrschaft des französischen Geistes vom deutschen Geist verdrängt wurde.

Nietzsches Forderung an die Deutschen, sich zu »entdeutschen«, würde auch bedeuten, daß sie den Stolz auf das Eigene aufgeben. Sie haben sich noch nicht von der heimatlichen Nabelschnur losgerissen, hängen noch pubertär am mütterlich-ursprünglichen Rock, sie brauchen noch die Wärme des Tribal-Vertraulichen. Was Hölderlin 1799 feststellte, ist noch immer ein Grundelement der »deutschen Seele«: »Ich glaube nämlich, daß sich die gewöhnlichsten Tugenden und Mängel der Deutschen auf eine ziemlich bornierte Häuslichkeit reduzieren. Sie sind überall *glebae addicti* und die meisten sind auf irgendeine Art, wörtlich oder metaphysisch, an ihre Erdscholle gefesselt«. D.H. Lawrence, selbst mit einer Deutschen verheiratet, schrieb 1913: »I want to go back to Italy. I have suffered from the tightness, the domesticity of Germany«.

Das Versäumnis Deutschlands, im 19. und 20. Jahrhundert durch Kultur und Kreativität groß zu werden und universal zu wirken, anstatt zu versuchen, mit Gewalt und Krieg sich durchzusetzen, hat schwerwiegende Folgen nicht nur für die Deutschen selbst gehabt; denn durch diese törichten Versuche ist die Schwerkraft der Weltgeschichte an zwei periphäre Völker übergegangen, beide unfertig, einseitig und unerfahren: Amerika und Rußland. Die Deutschen wollten nachholen, was Spanien, England und Frankreich schon hinter sich hatten. Die Deutschen haben so das »Weltdeutschtum« (Thomas Mann) verfehlt.

Allerdings, diese Forderung, die eigene Identität zu transzendieren, gilt für jedes Kulturvolk. Die Deutschen können sich nicht entdeutschen, ohne daß wir Nichtdeutschen auch unseren Nationalitätsfetischismus überwinden und gemeinsam mit ihnen ein höheres Stadium der Völkergemeinschaft schaffen. Voltaire: »Celui qui voudrait que sa patrie ne fut jamais ni plus grande ni plus petite, ni plus riche ni plus pauvre serait le citoyen de l'univers«. (»Dictionnaire philosophique«)

BROT UND SPIELE MADE IN GERMANY

Die Westdeutschen haben seit Ende des II. Weltkrieges für keine großen Ziele gelebt, sie haben sich im Gegenteil für ziemlich banale Dinge interessiert: für Wohlstand, für berufliches und gesellschaftliches Prestige, für Komfort, für Geld: die typischen Durchschnittswerte und Anliegen in der Konsumgesellschaft. Sie sind stolz, das sterile Modell der Profit- und Leistungsgesellschaft durch deutsche Gründlichkeit potenziert zu haben.

Der perfekteste Faschismus, der perfekteste Kapitalismus, warum nicht? Wichtig ist, der erste zu sein, an der Spitze zu stehen und der Welt zu beweisen: Wir machen es besser als die anderen, gleichgültig, wie die Ziele aussehen, die Hauptsache ist die Leistung, die Statistik, die Erfolgsbilanz.

Westdeutschland hat die Welt beeindrucken wollen mit dem, was eher für die angloamerikanischen Völker typisch ist: Rentabilität, Pragmatismus, money. Im Grunde haben sie sich auf den Weg der Imitation begeben, wie die Japaner, nur auf einer höheren geistig-soziologischen Ebene, und was sie nachgeahmt haben, das ist der »American Way of Life«, ein Lebensmodell, das den geistigen und historischen Voraussetzungen

Deutschlands nicht hätte genügen sollen. Die Deutschen haben unter ihrem Niveau gelebt, in kollektiver Selbstverleugnung.

Die Bilanz dieser vierzig Jahre ist so mediokerr, die gegenwärtige Situation so trist, daß die Deutschen sogar rückwärts schauen: auf der Suche nach den angeblich glorreichen fünfziger und sechziger Jahren. Aber was aus der Perspektive des Hier und Jetzt als verlockend erscheinen mag, ist gerade diese harte, hektische und konfuse Zeit, die sterile und mittelmäßige Politik, ein Abklatsch des Kalten Krieges.

Schlagwörter haben nicht gefehlt: soziale Marktwirtschaft, Wohlstand für alle, Bad Godesberg, Volkspartei, Mitbestimmung, Politik der kleinen Schritte, seid nett zueinander, soziale Partnerschaft usw. Hausbacken und nur für den innerdeutschen Gebrauch geeignet. Deshalb hat es auch im Ausland keine Schule gemacht, obwohl die Friedrich-Ebert- oder die Konrad-Adenauer-Stiftung, die Deutsche Welle oder Internationes sich zuweilen einbildeten, das bundesdeutsche Modell exportieren zu können, indem sie Geld in die Taschen von ein paar armen Ländern steckten und jede Menge Propaganda-Broschüren in alle Himmelsrichtungen streuten.

Daneben aber: Radikalenerlaß, Berufsverbot, Verfassungschutz, Verbot der KPD, Spiegelaffäre, Finanzierung der Parteien mit öffentlichen Geldern, autoritäre, antidemokratische Maßnahmen, oft unter Mitwirkung oder sogar auf Initiative der SPD.

In der BRD gibt es weiterhin keinen richtigen Syndikalismus, und wollte man dieses Wort ins Deutsche übersetzen, müßte man zu Hilfskonstruktionen greifen. Es gibt in der Bundesrepublik keine Arbeiterbewegung im klassischen Sinn, es gibt nur einen gewerkschaftlichen Bürokraten- und Funktionärs-Apparat, der mehr einer kleinbürgerlichen Berufs-Innung ähnelt als einer klassenkämpferischen Organisation. Das Wort Genosse ist verpönt, wird nur in Ausnahmefällen und mit schlechtem Gewissen ausgesprochen. Man nennt sich Kollege, ein Wort, das keine proletarische Wurzel hat, das aus dem vornehmen, affektierten Jargon des Professoren- und Akademiker-Milieus stammt.

Das ist ein Land, in dem es keine nennenswerte politische Linke gibt, keine tiefgreifenden politischen Kämpfe, nur ein riesiger, grauer Brei. »Wir sind die bessere CDU«, sagten mit verstohlenem Stolz manche Sozialdemokraten in den sechziger Jahren. Auch ohne große Koalition hat hier die große Eintracht geherrscht. Es ging meistens um Einzelheiten und um die Verpackung, nicht um wirkliche Alternativen. Daran hat sich kaum etwas geändert.

Der Wohlstand für alle wurde zum Wohlstand einiger. Daneben: Armut, Hungerrenten für Millionen älterer Leute, Arbeitslosigkeit, sozialer Abstieg und Diskriminierung von Minderheiten, Wuchermieten, die nur Doppelverdiener und Wohlhabende bezahlen können. Die große Mehrheit kauft bei Aldi, bei Mehrwert und den anderen auf die einfache Bevölkerungsschichten spezialisierten Großmärkte und Kaufhäuser, sucht die Sonderangebote, ißt das billigste, minderwertige Schweinefleisch, ernährt sich von Kartoffeln und Fleischwurst, kauft die Kleidung beim Schlußverkauf und bei den großen Versandhäusern. In keinem Land Europas ist die Armut so straff organisiert wie hier. Boutiquen und kleine Läden sind ein Luxus, den sich nur die Mittel- und Oberschichten leisten können. Für die meisten reicht das Geld nur für Massenkonsum und Massenabfertigung. Die Deutschen haben sich an Schlagwörtern berauscht, haben von Fiktionen gelebt, besessen vom Gefühl, sie hätten nach der Naziherrschaft alles besser als andere gemacht. Ich erinnere mich noch, als Rolf Hochhuth im »Spiegel« das Märchen vom Wirtschaftswunder mit nüchternen Daten und Statistiken entlarvte und wie eine riesige Seifenblase zerplatzen ließ; er wurde vom Magier dieser Legende, Ludwig Erhard als Pinscher apostrophiert. Deprimierend war die geistige Armut, die sich Hand in Hand mit der Wohlstandsgesellschaft der Nachkriegszeit entwickelte.

Als Trost für die erworbene Mittelmäßigkeit haben sich die Deutschen eine riesige Unterhaltungsindustrie von beispielloser Banalität und Perfektion geschaffen. Brot und Spiele made in Germany.

FETISCH ORGANISATION

Organisation, das ist das Talent, mit dem Quantitativen und Massenhaften wirksam umzugehen, Menschen auf eine geschlossene Einheit zu reduzieren und sie zum symmetrischen Handeln zu befähigen. Das ideale Experimentierfeld für das Organisatorische ist das Militär, und es ist kein Zufall, daß die Deutschen auch hier ihre außergewöhnliche Begabung nutzten.

Der Physiker und Nobelpreisträger Wilhelm Oswald sagte stolz in den Jahren des I. Weltkrieges: »Man spricht von dem deutschen Militarismus . . . ; aber gerade in diesem Militarismus findet die organisatorische Kraft Deutschlands ihren stärksten Ausdruck . . . Ich werde Ihnen jetzt Deutschlands großes Geheimnis erklären. Wir, oder vielmehr die germanische Rasse, haben den Organisationsfaktor entdeckt. Die anderen Völker werden noch vom Individualismus geleitet, während die Deutschen bereits von der Organisation erfaßt sind. In Deutschland ist alles darauf gerichtet, aus jedem Individuum das Maximum herauszuholen und zwar unter Beachtung dessen, was der Gesellschaft am meisten nützt. Das ist für die Deutschen die Freiheit in höchster Form, das heißt, die Freiheit, die alle Kräfte vereinigt, um sie einem gemeinsamen Ziel nutzbar zu machen«.

Ich habe diese Sätze zitiert, gerade weil sie auf eine sehr

naive und plumpe Art den Stolz ausdrücken, den die Deutschen für ihr organisatorisches Talent empfinden. Der »Organisationsfaktor« wurde natürlich nicht von der germanischen Rasse entdeckt, denn die antiken Völker leisteten auf diesem Gebiet schon Hervorragendes, wie vor allem die Geschichte Roms beweist. Auch das mittelalterliche Leben mit seinen religiösen Orden, seinen Klöstern oder seinen Zünften ist ohne eine hoch entwickelte Organisation nicht denkbar. Genauso wenig spezifisch deutsch ist das Zusammenspiel zwischen Organisation und militärischem Geist, und man braucht nur »Das Kapital« von Marx zu lesen, um gleich festzustellen, daß die englischen kapitalistischen Manufakturen wie Kasernen organisiert waren. Unbestreitbar ist aber, daß die Deutschen das »Prinzip Organisation« wie kein anderes Volk entwickelt und zu höchster Vollendung gebracht haben. Und das gilt auch für das Militär, trotz der zwei verlorenen Weltkriege. Wenn sie mit einem Fiasko endeten, dann nicht aus Mangel an Organisation oder soldatischer Effizienz, sondern aus einer Fehlkalkulation der eigenen Macht, aus Maßlosigkeit.

Ich habe die Deutschen nicht als eine marschierende Armee kennengelernt, sondern als Zivilisten im bürgerlichen Leben, und dennoch habe ich in ihrer Haltung vom ersten Augenblick an etwas Automatisches und Mechanisches bemerkt. So hatte ich, bald nach meiner Ankunft in der Bundesrepublik, von diesem Land den Eindruck – der sich seitdem nur verstärkt hat – einer gut geölten, mit höchster Geschwindigkeit und Präzision rotierenden Maschine.

Erich Mühsam bemerkte hierzu spöttisch: »Das seit der Zeit der ersten Preußenkönige gepflegte methodische Exerzieren mit all seinen stumpfsinnigen und dabei raffinierten Griffen, Bewegungen und Verrenkungen hat seine Wirkung auf den ganzen Volkscharakter ausgeübt. Es ist, als verließe schon der Säugling den Mutterleib im Stechschritt und trüge dabei den Barschnabel als Korkarde vor sich her. Der Kasernengeist sitzt im Deutschen drin, ehe er je eine Kaserne von innen gesehen hat, und erweitert sich zum Unteroffiziersgeist in dem Augenblick, wo man ihm den geringsten Einfluß auf Nebenmenschen eröffnet.«

Dieser militärische Geist ist in der Uniformität des bundesrepublikanischen Lebens erhalten geblieben. In diesem Lande ist so ziemlich alles uniformiert, vereinheitlicht, auf einen Nenner gebracht: die Wohnblocks, die Kaufhäuser, die Kleidung der Leute, ihre Gesten, ihre Gespräche. Eine Folge dieser gesellschaftlichen Uniformierung ist die Langeweile. Ich verstehe, daß die Deutschen so versessen darauf sind, in andere Länder zu reisen, und was sie Erholung nennen, könnte nicht treffender bezeichnet werden.

EIN REISENDES VOLK

Warum reisen die Deutschen so viel, warum stehen sie in der internationalen Touristik so weit an der Spitze? Weil sie sich zu Hause langweilen, weil sie romantischer sind als andere Völker?

Wir stoßen hier auf einen der unzähligen Widersprüche, die dieses merkwürdige Volk auszeichnet: einerseits hat es eine starke Liebe zur Heimat, die bis zu Engstirnigkeit und fanatischem Nationalismus führen kann, andererseits hat es das Bedürfnis, andere Länder und Kulturen – das Fremde – unbedingt kennenzulernen. Wieder ein Dualismus, diesmal zwischen Selbstzufriedenheit mit dem Eigenen und der Sehnsucht nach dem Anderen, zwischen Seßhaftigkeit und Unruhe, zwischen Kontraktion und Expansion, zwischen heimischer Gemütlichkeit und Abenteurertum.

Besteht nicht eine gewisse Kontinuität zwischen der alten

germanischen Völkerwanderung, den Einfällen in andere Regionen und den heutigen nach allen Himmelsrichtungen ziehenden deutschen Reisenden? Es gibt Atavismen, die sehr lange wirken, die sich in neuen Formen fortsetzen, und der Hang der Deutschen, das Weite zu suchen, könnte einer dieser Atavismen sein. Wenn man den Lebensraum, den man meint zu brauchen, nicht durch Krieg erobern kann, dann bitte schön, will man ihn wenigstens mit Geld und auf friedlichem Wege als Tourist für ein paar Wochen im Jahr mieten.

»Les meilleurs voyageurs, et ceux qui font le moins de bruit, ce sont les allemands«, notierte George Sand in einem ihrer Briefe. Nur, die heutigen Deutschen treten als Reisende in Massen auf, ihr Erscheinen in fremden Ländern hat etwas Kolossales und deshalb Auffallendes, Imponierendes, als wären sie eine Armee. Nur die Uniformen fehlen.

Was suchen die Deutschen im Ausland, vor allem im Süden? Natürlich das, was sie nicht oder ungenügend haben, den Kontrast: Sonne, Licht, Farben, Meer, Wasser, wilde Landschaften, auch alte Kunst, vergessene Geschichte, archaische, malerische Städte. Aber hinter dieser Sehnsucht nach optischer Exotik steckt mehr als bloße touristische Neugier, es liegt etwas Metaphysisches darin. Die Deutschen verlieben sich immer in irgendein Land, überhaupt in etwas Fremdes, und wenn sie zu Hause sind, denken sie wie alle Verliebten an das Traumobjekt, an das ersehnte Paradies, und haben keine Ruhe bis zu dem Tag, an dem sie das Flugzeug, das Auto, oder den Zug besteigen können, um wieder in das geliebte Land zu reisen.

Ach, die Deutschen, sie jagen immer irgendeinem Traum nach, der außer Reichweite liegt. Sie leben nostalgisch und sehnsuchtsvoll, ungeduldig, dem monotonen, goldenen Käfig ihres Alltags den Rücken zu kehren und in die Ferne zu eilen, wo es keine Grenzen, keine Pflichten, keinen Leistungsdruck gibt, wo man ohne Wecker leben kann, ohne Vorschriften, ohne Disziplin und ohne Zwänge, frei wie ein Vogel. Schon Novalis riet seinen Zeitgenossen:

Nein! Freunde kommt, lasst uns entfliehen
Den Fesseln, die Europa beugt
Zu Unverdorbnen nach Taiti ziehen
Zu ihrer Redlichkeit.

Und wenn die Deutschen nicht ins Ausland reisen, dann wandern sie im eigenen Land, im Wald, zu anderen Städten, immer woandershin, wie schon Goethe in seinem »Faust« empfahl: »Flieht! Hinaus ins weite Land.« Erstaunlich, die Lust der Deutschen zum Wandern, immer neue Wege suchend, mit den Wanderschuhen, dem Wanderstock, allein oder in der Gruppe, als Einzelner oder als Mitglied irgendeines der unzähligen Wandervereine, die es in diesem Land gibt. Und in welchem anderen Land werden die Waldwege, die Wanderwege so liebevoll gepflegt? Ich kenne keines.

Der »Steppenwolf« von Hermann Hesse verkörpert wie kaum ein anderes literarisches Modell die unruhige, nie gestillte Sehnsucht der Deutschen nach dem, was sie nicht haben, was außerhalb ihres alltäglichen Bereichs liegt: »Was er aber nicht gelernt hatte, war dies: mit sich und seinem Leben zufrieden zu sein«.

Die Romantik der Deutschen ist stark durch ihr Kleinbürgertum bedingt, und daher kehrt der Durchschnittsdeutsche immer wieder zu seiner gewohnten Umgebung, zu seinem bürgerlichen Nest zurück. Aber in jedem Deutschen steckt potentiell ein Steppenwolf, der Drang, außerhalb der engen Grenzen seines normalen Daseins zu leben. Nietzsche war in dieser Hinsicht einer der Konsequentesten, er wählte die Fremde, die Heimatlosigkeit als Aufenthaltsort. Wir finden ihn stetig umherziehend, ohne Bindungen, zugleich traurig und euphorisch, unzufrieden und jubelnd.

Ein Volk auf der Suche nach dem »Paradise lost«, das ist, was die Deutschen immer gewesen sind, deshalb immer unterwegs, immer auf Rädern, mit Panzern oder Personenwagen, auf ein fernes Ziel gerichtet. Daher diese unheimliche Unruhe, diese Gesichter, die Traurigkeit verraten, die das Bewußtsein eines Mangels ausdrücken, eine unerfüllte Sehnsucht.

Freilich: dieses Bedürfnis nach neuen geographischen Horizonten ist nur ein Teil des deutschen Durstes nach Erfüllung und Transzendenz, nach Poesie und Tiefe, die Friedrich Schlegel »Sehnsucht nach dem Unendlichen« nannte, eine Formel, die der deutsche Jude Max Horkheimer als »Sehnsucht nach dem ganz Anderen« umschrieben hat. Die philosophischen Systeme Kants und Hegels, Fichtes und Schellings sind auch »Wanderungen«, im Reich der Ideen.

Wir Mediterraner können damit nicht konkurrieren. Wir suchen eher das Naheliegende und Sichtbare, das Greifbare und Sinnliche. Die Entdeckung Amerikas durch die Spanier war ein Zufall, kein innerer Drang nach Ferne und Exotik, unsere kontinentalen Kriege in Europa ein dynastischer Zwischenfall. Wir haben zu viel Licht, um wirklich romantisch zu sein, zu viel Sonne, um zu träumen. Unsere großen Mystiker – Santa Teresa, San Juan de la Cruz – sind Feuer, nicht metaphysische Sehnsucht und spekulative Projektion, wie bei Meister Eckart oder Jakob Böhme. Unser Grundzug ist der Realismus, nicht der Romantizismus, in der Wirklichkeit wie in der Literatur und der Kunst. Unser Leben ist wie der Titel eines Werkes des berühmten Komponisten Falla: ein Feuertanz, Leidenschaft hier und jetzt, ohne Jenseits, ohne Metaphysik, ohne Transzendenz und Tiefe. Wir identifizieren uns mit dem Unmittelbaren und lassen uns von ihm ergreifen und verbrennen, bis die Leidenschaft erlöscht und zur Asche wird.

EXIL

Das Exil hat wenigstens einen Vorteil: man ist in der Lage, die Dinge aus der Distanz zu betrachten. Deutschland kann mir gewiß den Verlust meiner eigenen Heimat nicht ersetzen, aber es hat mir die Möglichkeit gegeben, die Welt mit nüchternen Augen anzuschauen.

Ortega y Gasset, der nie ein Philosoph im strengen Sinne war, sah in dem Perspektivismus die einzig zulässige Form, die Dinge in ihrer Gesamtheit zu überblicken. Aus eigener Erfahrung weiß ich, daß er recht hatte. Die ganze Erkenntnistheorie Platos und des Platonismus beruhen übrigens auf demselben Prinzip: Erkenntnis als das Resultat richtigen Sehens. In dem berühmten siebten Dialog seiner »Politeia« unterstreicht Plato, daß der Irrtum immer aus einer schiefen, ungenügenden Perspektive entsteht; daher identifiziert er seine Dialektik mit der Sehfähigkeit und spricht in diesem Zusammenhang von den »Augen der Seele«, wie später Plotin (und auch Fichte) von dem »inneren Auge«. Die deutsche Philosophie hat diesen Prozeß der sehenden Erkenntnis »intellektuelle Anschauung« genannt.

Exil bedeutet vor allem außerhalb stehen, an einem Ort leben, der unzugänglich bleibt, der keine endgültige Nähe zuläßt, wie eine Frau, die ihren Galan immer wieder zurückweist und ihm die entscheidende Umarmung verweigert. Man wird dadurch zum nichtbeteiligten Zuschauer des Geschehens von Handlungen, die andere vollziehen. Da das Mitwirken im gesellschaftlichen Tun nicht möglich ist, bleibt nur die Kontemplation.

Leben in Gesellschaft ist letzten Endes immer etwas Politisches, wie Aristoteles meinte. Im Exil ist diese Dimension nicht vorhanden, man wird notgedrungen unpolitisch, man kann die öffentliche Praxis nicht mitgestalten. Schon in der Antike war dieses Ausgeschlossensein aus der Politik das Zeichen von Fremdheit, und diese Tatsache gilt genauso heute für die ethnischen Minoritäten, die außerhalb ihrer Heimat leben.

Das Exil hat viele Existenzen zerstört. Aber das Außerhalbstehen, das Verdammtsein, wie ein Fremdkörper in einer Gemeinschaft zu leben, hat auch befruchtend gewirkt. Wie viele Werke sind im Exil entstanden oder in Situationen, die existentiell ähnlich sind? Nietzsche ist vielleicht das beste Beispiel dafür, oder auch mein Landsmann Picasso, der nur wenige Jahre in Spanien lebte, oder Victor Hugo, der fruchtbare Jahre in der Verbannung verbrachte, der dort »Les miserables« schrieb, oder Marx, der unter den denkbar ungünstigsten Bedingungen, geplagt von Armut und Sorgen, das »Kapital« zustande brachte. Der Rumäne E.M. Cioran, selbst vertraut mit der Erfahrung des Exils, hat mit großer Eindringlichkeit die schöpferische Fruchtbarkeit des Abseitsstehens beschrieben und die Sterilität der existentiellen Integration als eine Form des inneren Todes interpretiert. In »Der Absturz in die Zeit« schreibt er: »Nur ein Gott, der begierig war nach Unvollkommenheit in ihm und außer ihm, nur ein verwüsteter Gott konnte die Schöpfung imaginieren und realisieren; nur ein ebenso unbefriedetes Wesen kann sich auf Unternehmen der gleichen Art einlassen«.

Bedrängnis als Genesis, als Grundlage der späteren Erfüllung, als die einzige Möglichkeit, die ganze Dialektik des Daseins und seine Vollendung wahrhaft zu erleben. Es ist im Grunde die alte Erfahrung der Mystiker, Heiligen und Gottsuchenden, die sich freiwillig in die Wüste zurückziehen, um sich selbst zu finden, um abseits von allem die Geburt der seelischen und kreativen Kräfte zu vollziehen.

Deutschland ist meine Wüste, das Refugium, das ich gewählt habe, um mich von allem Überflüssigen zu befreien und in die innersten Tiefen meines Ichs zu versinken, dort, wo es zugleich am dunkelsten und hellsten ist, der einzige Raum – und das hat auch Cioran gesehen –, wo sich die Suchenden, Außenseiter und Träumer aufhalten können. Alles, was ich in den Jahren, die hinter mir liegen, geschrieben habe, ist die Frucht meiner Heimatlosigkeit, das Ergebnis meiner erzwungenen, politischen und gesellschaftlichen Untätigkeit. Ich wurde zum Voyeur meiner Umgebung, kompensierte den Mangel an öffentlicher Aktion durch private Reflexion.

Es wäre müßig zu fragen, ob dies als eine positive oder negative Bilanz zu bewerten ist, ob ich dabei glücklich war oder nicht, ob ich erfüllt oder unerfüllt gelebt habe. Ich beschreibe nur die Phänomenologie des Exils, den inneren Zusammenhang zwischen Nichtdazugehören und Sehen-Denken.

Der Intellektuelle steht übrigens immer irgendwie außerhalb, auch dann, wenn er in seiner Heimat bleibt. Nur so kann er sich in sich selbst zurückziehen und die Dinge mit Abstand betrachten. Das Exil ist nur die Grenzsituation eines Phänomens, das dem Beruf des Intellektuellen innewohnt.

Warum bin ich aus Spanien weggegangen? Nur, weil ich eine Frau liebte, die nicht in meinem Land geboren war, nur um dem erstickenden Druck einer Diktatur zu entfliehen? Vielleicht auch, weil ich schon damals ahnte, daß es mein Wunsch war, mich in einen unbedeutenden Winkel zurückzuziehen, der es mir ermöglichen sollte, die Ereignisse der Welt aus der Distanz zu beobachten. Dies erklärt auch meine instinktive Abneigung gegen jede Parteizugehörigkeit, die den Verlust der Perspektive bedeutet.

DEUTSCHER FÖDERALISMUS

Der deutsche Föderalismus hat meine ganze Sympathie. Ich habe immer die Überlegungen, die Kant dieser Staatsform widmete, mit zustimmender Freude gelesen. Die föderalistische Struktur der Bundesrepublik halte ich für eine ihrer fruchtbarsten und wesentlichsten Errungenschaften. Sie wird dem geschichtlichen Hintergrund der Deutschen und den Erfordernissen einer modernen, demokratischen Ordnung gerecht. Einer der entscheidenden Vorteile Westdeutschlands ist die antizentralistische Gliederung. Der Begriff »Provinz«, der in anderen Ländern seine Berechtigung hat, ist in bezug auf die Bundesrepublik fehl am Platze, weil es hier im großen und ganzen keine ausgesprochenen Provinzen gibt, keine nennenswerten Gebiete, die nicht ihre eigene Vitalität besitzen. Schon Bismarck erkannte: »Die kleinen Zentren haben ein Gemeingut von Bildung und Wohlstand in allen Teilen Deutschlands verbreitet, wie man es in zentralistisch organisierten großen Ländern schwer findet«. Das gilt heute vielleicht noch mehr als damals, nicht zuletzt, weil es das große Machtzentrum Berlin nicht mehr gibt.

Die Lebenskraft der deutschen Gemeinden, Kommunen und kleinen Städte hat ihre Wurzeln in der deutschen Geschichte, zuallererst in dem starken Selbstbewußtsein und Partikularismus der germanischen Stämme. Mit Scharfsinn bemerkte Montesquieu: »Alle diese Völker waren jedes für sich frei und unabhängig, und auch dann, als sie sich vereinigten, blieben sie trotzdem unabhängig. Das Vaterland war etwas Gemeinsames, die Republik etwas Partikuläres. Das Territorium war dasselbe, die Nationen verschieden.«

Im Grunde hat sich daran wenig geändert. Die Fortdauer der mittelalterlichen, feudalistischen Vielstaatlichkeit bis ins 19. Jahrhundert trug dazu bei, die Erhaltung des Lokalen zu festigen, wenngleich dies andererseits den Demokratisierungsprozeß verhinderte und verzögerte. Es war auch die zentrifugale Kraft der Kleinstaaten, die der Gründung eines einheitlichen, zusammenhängenden zentralen Staates im Wege stand. Bis zu Bismarck war die Liebe der Deutschen für das Lokale stärker als für das Nationale, und trotz der Nachteile, die unbestreitbar diese Tatsache für das Reich im Zeitalter des Nationalismus brachte, halte ich die spätere Vereinheitlichung Deutschlands unter der Vorherrschaft Preußens für eine noch schlimmere Folge und für einen Bruch mit den geschichtlichen Wurzeln des alten Deutschland.

Die Blüte der deutschen Kultur, mit ihrer Mannigfaltigkeit und schöpferischen Kraft, entstand in kleinen Fürstentümern und Städten, nicht in einem mächtigen, uniformierten Großreich. »Wo ist auch eine größere Anzahl freier Städte als in Deutschland?« fragte sich Leibniz mit Recht. Das wahre Deutschland war Weimar, war Tübingen oder auch Königsberg, waren Hamburg und Dresden, nicht Berlin: eine militarisierte und künstliche Schaffung des preußischen Staates. Der Föderalist, Anti-Preuße und Berlin-Hasser (leider auch Antisemit) Constantin Frantz hatte nicht unrecht als er (in »Der Föderalismus«) sagte: »Vielmehr muß die Idee einer deutschen Hauptstadt als gerade undeutsch gelten«.

Die Bundesrepublik hat ein gesundes, rationales Gleichgewicht zwischen den Teilen und dem Ganzen hergestellt, sie hat den Bedürfnissen eines national gegliederten Staates Rechnung getragen, ohne die autonomen Traditionen des deutschen Volkes annulliert zu haben. Sicher gibt es in der BRD eine Hauptstadt, in der die höchsten politischen Instanzen und Organe der Nation angesiedelt sind, aber dafür ist das kulturelle, wirtschaftliche, akademische, wissenschaftliche und sonstige Leben in alle Winde zerstreut. Jede Gegend, jedes Gebiet, jede kleine oder mittlere Stadt hat ihr eigenes Theater, ihre Universität, ihre Fabriken und ihre wissenschaftlichen Institute, ihre Gerichte und Parlamente. Diese dezentralisierte Struktur der Bundesrepublik ist meines Erachtens das wirkliche Geheimnis ihrer Stabilität, Leistungsfähigkeit und schöpferischen Kraft.

Wie trostlos und öde erscheint mir im Vergleich zu Deutschland das Leben in den französischen und den spanischen Gebieten, die außerhalb der Hauptstadt liegen, die wegen ihrer Rückständigkeit und Abgeschiedenheit wirklich den Namen Provinz verdienen! Die Jahrhunderte dauernde Tyrannei der zentralen Bürokratie hat die Kreativität dieser Gebiete gelähmt, sie zu mechanisch untergeordneten Reflexen der Hauptstadt gemacht, ohne über die politischen Probleme, die dadurch entstanden sind, zu sprechen. So ist die Geschichte Spaniens schon bei den Habsburgern und vor allem seit dem Einzug der Bourbonen als regierende Dynastie im wesentlichen eine immer wiederkehrende, oft blutige Auseinandersetzung zwischen Madrid und der Peripherie, zwischen der zentralen Stadt und den kantonalen Kräften – und der heutige Terrorismus ist nur das letzte Zeugnis dieser unheilvollen Tradition.

Frankreich, England und mein eigenes Land: drei Nationen, die es bisher nicht geschafft haben, die richtige Proportion zwischen dem Ganzen und den Teilen zu finden, die das fatale Joch des alten Absolutismus noch immer nicht überwunden haben.

KANT WUSSTE ES SCHON

Ich habe heute ein paar Stunden mit einigen Schriftstellern, die sich ab und zu treffen, verbracht, diesmal in einem kleinen Nebenraum eines italienischen Restaurants.

Obwohl ich nicht mit allzu großen Erwartungen hinging, habe ich mich ziemlich gelangweilt. Das Ganze hatte das unmißverständliche Kolorit des Lokalen und Kleinkarierten. Schon die Tatsache, daß wir uns in einem Extraraum versammelten, hat mir mißfallen. Es roch nach Vereinskram; wir hätten genauso gut eine Gruppe von Handelsvertretern oder Zahnärzten sein können, und wenn auch keine Satzungen verlesen wurden, so tauchte doch eine Liste mit Namen und Adressen auf, damit das nächste Treffen besser klappt. Ach, die deutschen Listen, sie tauchen überall auf, als Markenzeichen dieses Volkes. Irgendwann hat der Hauptorganisator angekündigt, die nächste Zusammenkunft werde in etwa drei Monaten erfolgen – was mich überraschte: ein Stammtisch, der alle drei Monate stattfindet! Ich denke unwillkürlich an den literarischen Stammtisch im Madrider Café Gijon, wo Schriftsteller, Dichter, Journalisten und Künstler jeden Nachmittag ein paar Stunden verbringen, das ganze Jahr hindurch, und ohne Listen und Organisatoren, auch nicht in einem Séparée, sondern im Hauptraum des Cafés, in enger Nachbarschaft mit den anderen Sterblichen im Lokal.

Die deutschen Intellektuellen neigen dazu, sich vom Volk abzusondern, sie sperren sich in ihrer eigenen kleinen Welt ein, bleiben unter sich in Verbänden und Clubs. Und dann diese Korrektheit, diese unpersönlichen Gesten und Floskeln, diese Redewendungen und Ansichten, nur um nicht aufzufallen und aus der Reihe zu tanzen. Keine Spontaneität, kein Mut zum Persönlichen, immer besorgt, nicht indiskret zu sein.

Auch wenn ich für diese Einladung dankbar war, hatte ich doch den Eindruck, daß sich kaum einer der Anwesenden darum scherte zu erfahren, wer ich bin und welche Schriftstellerei ich betreibe. Das Thema des Nationalsozialismus wurde gestreift, mehr in Form von persönlichen Erinnerungen denn als politische Debatte. Die meisten waren damals noch jung, keiner sympathisierte mit dem Dritten Reich, wie ich vernehme. Ich glaube ihnen das ohne weiteres, ich glaube sogar, daß ein Großteil der Deutschen damals mitmachte, ohne den ganzen Schwindel innerlich zu teilen. Aber das ist ja das Alarmierende, daß sie aus purer Anpassung mitmachten, sicher auch aus Angst vor Repressalien. Sie schrien Heil, zogen die Uniformen an, gingen an die Front, sangen Lieder und taten, was damals dazugehörte, trotz ihres persönlichen Gewissens, aus

Gehorsam, diesem Trieb, der die Deutschen wie kein anderes europäisches Volk auszeichnet. Kant: »Der Deutsche fügt sich unter allen zivilisierten Völkern am leichtesten und dauerhaftesten der Regierung, unter der er ist, und ist am meisten von Neuerungssucht und Widersetzlichkeit gegen die eingeführte Ordnung entfernt.«

VERGANGENHEITSBEWÄLTIGUNG

Es ist schwer, ein Volk gegen seinen eigenen Willen »umzuerziehen«, zumal ein altes Volk wie die Deutschen. Rousseau schrieb im »Contrat social«: »So wie die Menschen ist die Mehrheit der Völker nur in ihrer Jugend fügsam; wenn sie alt werden, werden sie unbelehrbar. Wenn die Sitten etabliert sind und die Vorurteile Wurzeln geschlagen haben, ist es ein gefährliches und vergebliches Unternehmen, sie ändern zu wollen. Das Volk will nicht, daß man an seine Übel rührt, nicht einmal, um sie zu kurieren, es verhält sich wie diese stupiden und furchtsamen Kranken, die angesichts des Doktors schon zittern.« Die Bewältigung der Nazivergangenheit liefert ein Paradebeispiel dieses von Rousseau aufgestellten Gesetzes. Ich war nicht in der BRD, als die Siegermächte mit der Entnazifizierung begannen und versuchten, dem deutschen Volk zu beweisen, daß es jahrelang, jahrzehntelang falsche Götzen wie Militarismus, Rassismus, Nationalismus, Antisemitismus, Krieg oder Gewalt angebetet hatte. Die Wiedereinführung der Demokratie in Deutschland war keine spontane, von unten entstandene Bewegung, sondern ein Vorgang, der sozusagen von oben herab, »per Dekret« durchgesetzt wurde. Böll hat es in seinem Buch »Eine deutsche Erinnerung« mit bewundernswerter Offenheit gesagt: »Die Deutschen haben sich nicht selbst befreit, ich habe mich auch nicht selbst befreit, sondern die Deutschen sind befreit worden, vielleicht sogar gegen ihren Willen.«

In ihrer überwiegenden Mehrheit wollten die Deutschen nicht an die Vergangenheit erinnert werden, ich habe dies ganz deutlich Ende der fünfziger Jahre gespürt. Jeder Versuch, sich mit den Verbrechen der Nazizeit auseinanderzusetzen, wurde von den Durchschnittsbürgern mit einem dumpfen, unausgesprochenen Widerwillen aufgenommen. Man sprach dann von der »Beschmutzung des eigenen Nestes«, von vaterlandslosen Gesellen, von verkappten Kommunisten. Die Minderheit – eine beträchtliche Minderheit allerdings –, die dieses traurige Kapitel deutscher Geschichte wirklich schonungslos und gründlich entlarven wollte, hatte kein leichtes Spiel, denn die anderen wollten vergessen, nur vergessen, um ungestört und in vollen Zügen das »dolce vita« des Wirtschaftswunders zu genießen.

Welches Volk ist bereit, sich auf die Brust zu schlagen und ein kollektives »Mea culpa« laut auszurufen? Die Deutschen verhielten sich wie zuvor andere Völker. Und dennoch war es ein schwerwiegendes Versäumnis, das dunkle Kapitel der Naziherrschaft zu verdrängen und nicht in seiner ganzen Tragweite erhellen zu wollen. Denn es handelte sich nicht um irgendeinen Krieg, um irgendeine Diktatur, um irgendwelche Greueltaten, sondern um einen in der Geschichte einzigartigen und beispiellosen Prozeß massiver Grausamkeit und Bestialität, überdies von einem Kulturvolk begangen, das noch Hegel als die Kulmination des Weltgeistes bezeichnet hatte.

Und man konnte sich mit dem Gedanken nicht trösten, daß auch andere zivilisierte Völker früher brutale Kriege geführt und entsetzliche Verbrechen begangen hatten, wie die Spanier selbst in Flandern, bei der Kolonisierung Amerikas oder im letzten Bürgerkrieg. Schon der Versuch, die Naziverbrechen mit anderen Verbrechen auf dieselbe Ebene zu stellen, war ein Akt der Selbsttäuschung, ein Versuch, die Wahrheit zu relativieren, der erste Schritt, sich um jeden Preis ein gutes Gewissen zu verschaffen.

»Verbrechen und Grausamkeiten« – hat Sebastian Haffner in »Die Sieben Todsünden des Deutschen Reiches« geschrieben – »haben alle Völker auf dem Kerbholz, und obwohl die Deutschen sich gerade in diesem Jahrhundert in dieser Hinsicht traurig hervorgetan haben, stehen sie als Sünder gewiß nicht allein. Womit sie so ziemlich allein stehen, ist die Naivität, mit der sie sich selbst freisprechen und von einer herausgeforderten, schwer mißhandelten und schließlich siegreichen Welt völlige Folgenlosigkeit ihrer Taten als ihr gutes Recht beanspruchen. Zu dieser Naivität gehört es übrigens auch, daß sie offenbar der Meinung sind, diese Taten würden nicht bemerkt, solange sie nur selbst nicht darüber reden; und jeden, der das eigene Nest zu reinigen versucht, gewohnheitsmäßig beschuldigen, es zu beschmutzen.«

Die These der Kollektivschuld war selbstverständlich absurd und ungerecht, und schon a priori dadurch widerlegt, daß die ersten Opfer des Naziterrors selbst Deutsche waren, daß die ersten Konzentrationslager mit deutschen Antifaschisten gefüllt wurden. Erich Mühsam, Carl von Ossietzky stehen als Symbol für Tausende deutscher Antifaschisten, die ihr Leben in den braunen Tötungsfabriken verloren. Aber es war genauso falsch und bequem, die Verantwortung auf eine kleine Clique von Sadisten und Verrückten zu schieben und sich die Hände in Unschuld zu waschen mit dem dubiosen Argument, man hätte nicht wirklich gewußt, was Hitler und seine Horden in den Konzentrationslagern getrieben hatten. Man versäumte damit, der Frage auf den Grund zu gehen, welche vorbereitende und begleitende Rolle der Untertanengeist, der Autoritätsglaube, das Obrigkeitsdenken und viele andere Merkmale des Durchschnittsdeutschen gespielt hatten, auch die Frage, warum im entscheidenden Moment die Linksparteien, auch die bürgerlichen (die ja nicht faschistisch waren), die Kirche und andere Institutionen und Kräfte so kläglich versagt hatten. »Denn die Herrschaft der zwölf Jahre kam nicht von ungefähr, sondern aus einer deutschen Geschichte wesenseigener Möglichkeit – sonst hätte sie schwerlich die unbestreitbare Zustimmung gefunden.« (Reinhold Schneider, »Verhüllter Tag«)

Ich weiß nicht, ob die Konfrontation mit der Vergangenheit anders verlaufen wäre, wenn anstatt der Christdemokraten die Sozialdemokraten die parlamentarische Mehrheit in der Anfangsphase der Bundesrepublik gehabt hätten. Vielleicht wäre die Auseinandersetzung tiefer und eingehender gewesen. Es ist anzunehmen, daß die SPD schon wegen ihrer antifaschistischen Tradition dieser Frage mehr Beachtung geschenkt hätte, aber schon die einfache Tatsache, daß die Westdeutschen eine konservative Partei wählten und nicht eine fortschrittliche, war bezeichnend für die geringe Bereitschaft der Bevölkerung, eine restlose Aufklärung der Vergangenheit zu akzeptieren. Ich befand mich schon in der BRD, als man Willy Brandt ankreidete, während der Nazizeit als politischer Flüchtling im Ausland gelebt zu haben, und dies war bezeichnend für die pervertierte Einstellung. Der Wille zur Erneuerung war 1918, beim Zusammenbruch der Monarchie auf jeden Fall tiefer und spontaner als 1945, deshalb herrschte damals – wenn auch nur für kurze Zeit – eine revolutionäre Stimmung, während 1945 Ratlosigkeit, Schweigen und Angst die Grundstimmung war.

Die CDU/CSU machte keine große Anstrengung, um das deutsche Volk mit dem Fragenkomplex der Naziherrschaft zu konfrontieren. Adenauer und andere Politiker der christlichdemokratischen Parteien begnügten sich mit formalen Reuebekenntnissen, mit standardisierten Pflichtübungen. Und das Peinliche dabei war, daß sie mehr für das Ausland sprachen als für das eigene Volk; dies erklärt auch, warum sie – während sie den Juden ihr Bedauern ständig aussprachen und Wiedergutmachungsgelder an sie zahlten – die Bewältigung der Vergangenheit im Innern halbherzig betrieben und sogar boykottierten. Adenauer unternahm vieles, um sich mit dem jüdischen Volk zu versöhnen; dies hinderte ihn aber nicht daran, ehemaligen Nazis wichtige Ämter anzuvertrauen; der ominöse Fall Globke sei hier nur als Symbol dieser ziemlich geschmacklosen Haltung erwähnt.

Für diese Doppelzüngigkeit waren viele Gründe maßgebend, und einer davon wurde von wahltaktischen Überlegungen bestimmt. Adenauer wußte sehr wohl, daß die Mehrheit der Westdeutschen nicht an die Nazizeit erinnert werden wollte, und obwohl er, Gerstenmeier und andere Christdemokraten Gegner des Dritten Reiches gewesen waren, zogen sie es vor, dieses heikle Thema so wenig wie möglich zu erwähnen, um das schlechte Gewissen der Bundesdeutschen nicht zu verletzen.

Historiker haben allzuoft die Tatsache verdrängt, daß die christlich-demokratischen Parteien ihre parlamentarische Vormachtstellung nur durch die Stimmen von ehemaligen Nazianhängern, Mitläufern und stillen Duldern aufbauen konnten, daß sie eine notgedrungene, aber gleichzeitig willkommene Ersatzfunktion für die nicht mehr vorhandene NSDAP spielten. Diejenigen, die Hitler zugejubelt hatten, setzten jetzt ihre Hoffnungen auf Adenauer. Darüberhinaus diente die CDU/CSU als Zufluchtsort und Sprungbrett für viele ehemalige Nationalsozialisten, die auch nach der Zerstörung des Dritten Reiches weiter politische Karriere machen wollten und genug Zynismus besaßen, ihr braunes Hemd unter einem demokratischen Mäntelchen zu verstecken. Als Paradebeispiel dieser Kontinuität und ideologischen Travestie sei Kurt Kiesinger erwähnt, ein ehemaliges NSDAP-Mitglied und Beamter, der 1949 Bundestagsabgeordneter, dann Landesvater von Baden-Württemberg und schließlich Kanzler wurde.

Es leuchtet ein, daß einer Partei, die solches ermöglichte, die moralischen Voraussetzungen fehlten, um eine wirkliche

Abrechnung mit der Vergangenheit einzuleiten und energisch voranzutreiben.

Die tiefgehende Auseinandersetzung mit der Vergangenheit kam nicht von den Politikern, auch nicht von den Richtern, sondern von den Intellektuellen. Schon 1933 waren die deutschen Intellektuellen die Gruppe, die am klarsten und entschiedensten ihren Abscheu gegenüber den Nazis zeigten. Nach dem Krieg wiederholte sich der Prozeß. Es waren wieder die Intellektuellen, die spontan die Auseinandersetzung mit der Vergangenheit suchten und am gründlichsten betrieben. Und ich meine hier nicht die Publizisten und Denker, die emigriert waren und von Deutschland oder vom Ausland aus weiter ihre antifaschistische Arbeit fortsetzten. Nein, ich meine die neue Generation von Autoren, die jetzt anfing zu schreiben: Böll, die Gruppe 47, Grass, Hochhuth, Enzensberger, Martin Walser, Heinar Kipphardt, Peter Weiss, Alfred Andersch, Engelmann und die vielen anderen.

Neben der neuen antifaschistischen Literatur und Publizistik der fünfziger und sechziger Jahre war die Revolte von Dutschke und seinen Freunden der erste und eindeutige Beweis, daß die Jugend der BRD in ihrem überwiegenden Teil den Faschismus oder den Neofaschismus radikal ablehnte und bereit war, auch dafür zu kämpfen. Ich habe gesehen, wie die antifaschistischen Studenten Schulter an Schulter dem Terror der NPD-Schlägertrupps Widerstand leisteten und ihn nach und nach neutralisierten; der militante Kampf auf der Straße gegen den neofaschistischen Terror wurde von den antiautoritären Studenten getragen und nicht von den etablierten Parteien. Und es war gerade dieser entschlossene tätige Widerstand gegen die NPD, der diese Partei demoralisierte und sie daran hinderte, sich durch Gewalt und Terror der Straße zu bemächtigen, wie es eindeutig ihr Plan war. Man hat die Studentenbewegung vor allem als eine Revolte gegen das Establishment gesehen, gegen die Konsum- und Industriegesellschaft, aber sie war auch ein Aufbegehren gegen die neofaschistischen und antidemokratischen Kräfte, die sich in der BRD wieder ankündigten. In ihrem Endziel war die Studentenbewegung sozialistisch und antibürgerlich, aber sie trat auch als eine antifaschistische Kraft auf, die die demokratischen Rechte verteidigte und zwar die elementarsten Rechte der bürgerlichen Demokratie.

Inmitten des trostlosen Konformismus der Konsumgesellschaft hatten die Studenten den Mut, die »Einübung des Ungehorsams in Deutschland« (Ulrich Sonnemann) zu wagen. Und das war nicht leicht in einem Land, in dem die Anpassung an die jeweils herrschende Faktizität die Regel bildet, wo die Tradition des französischen Jakobinismus, des spanischen Anarchismus oder des angelsächsischen Links-Liberalismus eines Paine oder eines Thoreau kaum Wurzeln gefaßt hatte. Tatsache ist, daß es den Studenten gelang, für eine gewisse Zeit das System empfindlich zu verunsichern und seine Widersprüche sichtbar werden zu lassen. Und das war etwas Neues, wie Sonnemann bemerkte: »Aber der Kreis schließt sich nicht ganz: erstmals in einer deutschen Generation wurde öffentlicher Ungehorsam wenigstens thematisch.« Daß ihr Kampf gegen die Institutionen, gegen institutionalisierte Menschen und die damit verbundene verinnerlichte Repression nicht lange währte und vor der Macht der organisierten Gewalt kapitulieren mußte, mindert nicht ihre qualitative Bedeutung und ihre historische Größe.

Es war eine frustrierende Zeit, in der als Kanzler der Nation ein Mann gewählt wurde, der von 1933 bis zum Zusammenbruch das Parteibuch der NSDAP gehabt hatte und einer der typischen Fälle von Opportunismus und Mitläufertum darstellte. Was Böll nachträglich über diesen Fauxpas sagte, entsprach der Meinung großer Teile der Bevölkerung: »Es war eine Frechheit, uns den als Bundeskanzler zu servieren und auch noch bei der großen Koalition.« (»Eine deutsche Erinnerung«) Oder Günter Grass in seinem offenen Brief an Kiesinger Ende 1966: »Ich frage Sie: Wie soll die Jugend in diesem Land jener Partei von vorgestern, die heute als NPD auferstehen kann, mit Argumenten begegnen können, wenn Sie das Amt des Bundeskanzlers mit ihrer immer noch schwerwiegenden Vergangenheit belasten? Wie sollen wir der gefolterten, ermordeten Widerstandskämpfer, wie sollen wir der Toten von Auschwitz und Treblinka gedenken, wenn Sie, der Mitläufer von damals, es wagen, heute hier die Richtlinien der Politik zu bestimmen?«

Aber es ging nicht nur um Kiesinger, sondern um eine ganze Reihe alarmierender Erscheinungen, die schon vor dieser großen Koalition ein ungesundes Klima geschaffen hatten. Ich denke an die Spiegelaffäre, die sich zwar nachträglich als eine positive Bewährungsprobe für die demokratische Praxis herausstellte, die aber auch zeigte, welch zynische Auffassung viele Politiker von der Macht hatten und nicht nur Strauß, derselbe, der ungehemmt für die Nicht-Ratifizierung der Atomsperrverträge plädierte und von einer nuklearen BRD träumte. Da war die Hallstein-Doktrin, die starre Haltung gegenüber den Ostblockländern, die Atmosphäre des Kalten Krieges, die Politik der Stärke und die Diffamierung der Politiker und Intellektuellen, die diesem hysterischen, unvernünftigen, rechthaberischen Kurs nicht zustimmten und für eine tolerante, aufgeschlossene Haltung der BRD gegenüber den kommunistischen Ländern waren, wie sie später von Brandt in die Tat umgesetzt wurde. Selbst Erhard, der die Tradition eines konservativen aber liberalen Mannes verkörperte, sprach von »entarteter Kunst« und beschimpfte die Intellektuellen, die ihm nicht genehm waren, als »Pinscher«. Dieses schiefe Verhältnis zur Wahrheit, zur Ethik, zur politischen Kultur und zur historischen Verantwortung ist noch heute ein ungelöstes Problem der Bundesrepublik, meiner Meinung nach das zentralste. Ich will in diesem Zusammenhang nur daran erinnern, auf welche Art und Weise die Bonner Regierung den 40. Jahrestag der deutschen Kapitulation gestaltete.

Es war ein tief deprimierendes Zeugnis von Selbstgerechtigkeit, Arroganz und Entstellung der moralischen und geschichtlichen Wahrheit. Schon längst vor dem 8. Mai vermißte man ein klares Bekenntnis zur eigenen Schuld, vernahm man die bekannten Stimmen, die lieber das Leid des deutschen Volkes beweinten, als sich an die wahren und eigentlichen Opfer der Naziherrschaft zu erinnern und sie aufrichtig zu bedauern.

Als wäre die Wahrheit nicht klar genug, spielte man Hamlet, stritt man sich darüber, ob der Sieg der Alliierten über die Nazi-Bestie als ein Tag der Befreiung gefeiert werden sollte oder als einer nationalen Katastrophe zu gedenken wäre. Herr Geissler bekundete öffentlich, daß es keinen Anlaß gebe, den Tag der Kapitulation zu feiern, Alfred Dregger rühmte sich in seinem ominösen Brief an die amerikanischen Senatoren, bis zur letzten Minute für das »Vaterland« gekämpft zu haben, was Gert Bastian veranlaßte, ihm folgende Antwort zu erteilen: »Doch daß Sie auch heute, vierzig Jahre nach der Befreiung Europas von dem damals durch uns ermöglichten Hitler-Faschismus noch immer nicht erkannt haben, wieviel ehrenvoller es in jener Zeit gewesen wäre, die Waffen nicht auf die Befreier, sondern auf die uns belügenden Verbrecher zu richten, ist unentschuldbar.«

Der Besuch Kohls und Reagans auf dem Soldatenfriedhof Bitburg war nur die Apotheose dieses schon im Vorfeld unternommenen Versuchs, das Ende des Krieges zu unlauteren Zwecken zu mißbrauchen, ohne die geringste Rücksicht auf die Würde und die Gefühle der Opfer. Diese mußten zusehen, wie sich die zwei Regierungschefs einen Friedhof aussuchten, auf dem Angehörige jener SS-Einheiten ruhen, die gerade als das leibhaftige Symbol des Nazi-Terrors in die Geschichte eingegangen sind.

Versöhnung? Daß ein Aufgebot von Tausenden von Polizisten notwendig war, um den reibungslosen Verlauf der Feierlichkeiten zu sichern, beweist allein schon, daß es sich um einen Akt institutioneller Gewalt, um bewußte, rücksichtslose Machtpolitik handelte. Dort, wo es wirklich um Versöhnung und Frieden geht, braucht man keine Sicherheitskräfte. Und daß das peinliche Schauspiel im Eiltempo erledigt wurde und nur vier Minuten dauerte, zeigt auch, daß die Akteure sehr wohl wußten, daß sie eine unwürdige Maskerade vollzogen.

Es gab auch die Ehrenbezeugung vor den in Bergen-Belsen ermordeten Juden, aber dies war nur ein Vorwand, um den Gang nach Bitburg zu rechtfertigen, der den wahren Endzweck der ganzen Feierlichkeiten bildete. Deshalb boykottierten auch die jüdischen Verbände die Zeremonie im ehemaligen Konzentrationslager. Daß die Polizei noch überdies eine Gruppe von Juden entfernte, die sich dort eingefunden hatte, um gegen die Farce zu protestieren, bestätigte nur, wie unendlich gespenstisch und verfehlt alles war.

Nicht um den Willen zur Versöhnung ging es, um Selbstbesinnung, Demut und Achtung für die Opfer des Zweiten Weltkrieges, die Widerstandskämpfer und die Gegner der Naziherrschaft, sondern um Haß und Aggression. Die ganze Inszenierung war ein Akt des Kalten Krieges, deshalb wurde der Beitrag Rußlands an der Niederlage des Dritten Reiches ignoriert, deshalb vermieden die Vertreter der Bonner Regierung und der westdeutschen Diplomatie peinlich, sich bei den Gedenkzeremonien der Sowjetunion blicken zu lassen.

Die weltweiten Proteste und Demonstrationen gegen eine solche Mißachtung der elementarsten Grundsätze des menschlichen Anstands und der politischen Fairness waren vergeblich, das erbärmliche Schurkenstück wurde folgerichtig bis zum bitteren Ende durchgeführt, nicht einmal aus Überzeugung, sondern – was schlimmer ist – um Stärke zu zeigen, um dem politischen Gegner zu trotzen und ihn zu verletzen. Und das ist das Besorgniserregende: das krankhafte, sadistische Bedürfnis, den Andersdenkenden mit Verachtung zu behandeln, was schon – wie Camus in »L'homme révolté« erkannte – potentieller Faschismus ist: »Der Faschismus ist in der Tat die Verachtung. Und umgekehrt, jede Form der Verachtung, die politisch aktiv wird, bereitet den Faschismus vor oder führt zu ihm.«

Helmut Kohl gebührt die traurige Ehre wie keinem anderen Politiker der BRD, das jüdische Volk gedemütigt und erniedrigt und damit dem deutsch-jüdischen Prozeß der Versöhnung unübersehbaren Schaden zugefügt zu haben. Daß er sich der Anwesenheit Reagans bediente, um seinem Husarenstück noch mehr Resonanz und Geltung zu verleihen, sollte ihn beschämen.

Aber nicht genug: nur wenige Tage, nachdem in Bitburg die Chargen des Dritten Reiches die Absolution erhielten und mit den Ermordeten gleichgestellt wurden, konnten sich die ehemaligen Angehörigen der SS-Divisionen »Totenkopf«, »Leibstandarte Adolf Hitler« und »Hitler-Jugend« unbehelligt in Nesselwang versammeln und ihre Kriegserinnerungen auffrischen und verherrlichen, nicht heimlich, sondern mit Polizeischutz und mit dem Segen der Obrigkeit. Alles im Namen der Freiheit.

VEREINSMEIEREI

Der letzte Ausdruck der deutschen Gesellschaft sind die Vereine aller Art, die in diesem Lande blühen. Nicht die politischen Parteien bilden hier den wirklichen Mittelpunkt sozialen Lebens, auch nicht die kulturellen Institutionen oder das Theater, ebensowenig die Universitäten und der akademische Betrieb. Während diese und andere öffentlichen Erscheinungen im Grunde nur Minoritäten berühren, umfassen die Vereine weite Schichten des Volkes. Sie sind das wahre Rückgrat der Nation.

In welchem Restaurant, in welcher Gaststätte oder Kneipe fehlt ein separater Raum, wo sich die Vereine treffen und ihre Sitzungen abhalten können? Ich erfahre jeden Tag bei der Lektüre der Zeitung, wieviele Vereine es gibt, wieviele Veranstaltungen sie organisieren, welchen unermüdlichen Fleiß sie entfalten, um die Schar ihrer Mitglieder zusammenzuhalten, zufriedenzustellen und zu motivieren, und dies trotz der Vermassung und Anonymisierung der heutigen Konsum- und Industriegesellschaft, in der die Menschen zur Isolation neigen und sich wenig gesellen.

Heute, zum Beispiel, finde ich unter der Rubrik »Termine und Treffpunkte im Vereinsleben« 48 Vereinsveranstaltungen angekündigt, und dies an einem ganz gewöhnlichen Arbeitstag und in einer kleinen Stadt, die nicht mehr als 135000 Einwohner zählt. Hier eine kurze Kostprobe: DRK-Seniorentreff, Hottonia, Verein für Aquarien und Terrarienkunde, TSG 46-Schachabteilung, VSG, Vereinsgemeinschaft Heimstättenvereine, Nähclub, HÖPO Treff (Vereinigung höherer Postbeamter), Club junger Hausfrauen, Hausfrauenbund, Deutsche Rheuma-Liga, Martinsgemeinde-Männer-Kreis, Deutscher Frauenring, Kameradschaft Infanterie-Regiment 115, Ehemalige Knabenmittelschule, Chorgemeinschaft Sängerlust usw. usw.

Im Verein findet der Deutsche Kameradschaft, Geborgenheit, Abwechslung und Entspannung, die er braucht, um sich vom Druck seines eintönigen Alltagslebens zu befreien. Die Vereine sind normalerweise unpolitisch, und das ist auch ein zusätzlicher Grund dafür, daß der Deutsche die Vereinsmeierei liebt – die »Betrachtungen eines Unpolitischen« von Thomas Mann haben nichts an Aktualität eingebüßt.

Vereine sind aber, obwohl im Prinzip gesellige Institutionen, doch andererseits geschlossene Gesellschaften, nur einem bestimmten Kreis von Menschen vorbehalten, und da sehe ich ein Überbleibsel – natürlich demokratisiert – der alten mittelalterlichen Zunftordnung, wo ja alles sauber nach Beruf und Stand getrennt und geordnet war. Ich glaube, daß die deutsche Vereinsmeierei nur eine kleinbürgerliche Variante dieses mittelalterlichen Brauches ist.

Die Vereine unterstreichen auch die Neigung der Deutschen sich abzusondern, sich gegenüber anderen Distanz zu verschaffen, nur daß dies hier im kleinen Kreis betrieben wird – in Gesellschaft verwandter Seelen. In den Vereinen, die in Deutschland wie die Pilze aus dem Boden schießen, sehe ich aber auch – so paradox dies klingen mag – eine Bestätigung der gesellschaftlichen Atomisierung der Deutschen. Denn der Vereinsmeier kann nur an bestimmten Monats- oder Wochentagen zu seinem Verein gehen, um ein bißchen Wärme zu empfangen, aber was tut er, wenn der Verein nicht tagt? Leiden und warten auf die nächste Sitzung.

Die Vereine erfordern eine Organisation, und da sich die Deutschen kaum etwas ohne Organisation vorstellen können, haben sie das Vereinsleben als die ideale Form der Geselligkeit erfunden. Die Vereinsbücher müssen geführt werden, es müssen Protokolle abgefaßt werden, Beiträge kassiert, Beschlüsse bekanntgegeben werden usw. Das setzt viel Arbeit voraus, Kontinuität, Opferbereitschaft, Tugenden, die die Deutschen im Übermaß besitzen. Die Vereine überleben.

Diese teutonischen Eigenschaften gibt es in Spanien, Italien oder Griechenland nicht, und deshalb führen dort die Vereine ein kümmerliches, untergeordnetes, unbeachtetes, elendes Dasein. Und da es kaum Vereine gibt, zu denen man an bestimmten Tagen oder zu bestimmten Stunden hingehen kann, ist die Geselligkeit in den südlichen Ländern ganz anderer Natur, spontaner, unorganisierter, zufälliger. Aufgrund der fehlenden Vereine sind fast alle Mitbürger potentielle Partner für ein improvisiertes Zusammensein, für ein paar Stunden Geselligkeit. Ich brauche nicht einmal in eine Kneipe zu gehen: es genügt, daß ich mich auf die Plaza Mayor des Ortes begebe und mich unter die Menge mische, die sich dort Abend für Abend versammelt, um zu plaudern, sich zu begrüßen und die Amigos zu treffen; so ist diese Plaza ein riesiger, improvisierter, für jedermann zugänglicher Stammtisch unter freiem Himmel.

Die deutsche Geselligkeit erschöpft sich natürlich nicht im Vereinsleben. Die Deutschen laden sich auch gegenseitig privat ein, verbringen mit Freunden und Bekannten ab und zu ein paar Stunden zusammen. Aber selbst hier wird der Organisationsfetischismus der Deutschen sichtbar.

Es fängt schon mit der Festlegung des Termins an. Eine Party, ein Diner, einfach eine kleine Gesellschaft, muß eben hundertprozentig klappen, und die erste Bedingung dafür ist, daß man schon rechtzeitig ein Datum setzt. Ob die betreffenden Herrschaften dann zum festgesetzten Tag Lust haben, das kalte Büffet der Gastgeber zu kosten und die Einzelheiten der letzten Urlaubsreise anzuhören, das ist für die Deutschen eine untergeordnete Sache. Als guter Deutscher geht man eben hin, ob man Lust hat oder nicht, man erscheint mit strahlender Miene, man bedankt sich überschwenglich noch einmal für die nette Einladung, man bringt selbstverständlich Blumen mit, man lobt die Beköstigung und die Drinks, man schaut sich heroisch die entsprechenden Dias an, und man versichert sich schließlich gegenseitig, wie nett,wie schön, wie gemütlich der

Abend war, auch dann, wenn man sich zu Tode gelangweilt hat, die ganze Zeit über verstohlen auf die Uhr geguckt und das Gähnen mit großer Anstrengung vermieden hat. Immer korrekt, die Deutschen.

Ich finde das alles großartig und irgendwie rührend und äußerst zivilisiert, aber als Sohn des anarchistischen Südens kann ich mich mit dieser durchorganisierten Art der Geselligkeit schwer befreunden. Genauer gesagt: ich fürchte sie ein bißchen. Ich liebe die Improvisation, das Spontane, und längst im voraus geplante Einladungen verunsichern mich. Als wankelmütiger, launenhafter Mensch habe ich Angst, an dem betreffenden Tag in schlechter Stimmung zu sein, ich habe Angst, damit meine Mitgäste zu belasten und ihnen den Abend zu verderben. Ein Vereinsmeier bin ich nicht.

ANGST

Mein Leben in der Bundesrepublik ist mit dem Gefühl der Angst unzertrennlich verbunden, wenngleich dieses Gefühl nicht immer gegenwärtig ist. Es kommt vor, daß ich mich tage- und wochenlang bewege, ohne mir bewußt zu werden, daß ich mich in einem fremden Land befinde, daß ich nicht mehr als ein geduldeter Gast bin. Aber die Angst kann in den unerwartetsten Augenblicken plötzlich sichtbar werden, inmitten des Alltags zum Beispiel, wenn ich an einer Wand »Ausländer raus« lese, oder wenn ich an einem Grenzübergang von einem deutschen Polizisten scharf und mißtrauisch kontrolliert werde, oder wenn ich zum Ausländeramt gehen muß, um meine Aufenthaltserlaubnis zu erneuern, auch wenn ich auf rassistische Leserbriefe in der Zeitung stoße und natürlich auch, wenn Politiker Reden halten, die gegen Ausländer gerichtet sind.

Diese Angst ist vielleicht das wichtigste Hindernis, um sich zu integrieren, ich meine innerlich. Es erinnert einen daran, daß man nicht dazu gehört, daß man ein Fremder ist. Aus Angst kann keine Liebe entstehen. Nicht die Sprache ist das wirklich Trennende zwischen Deutschen und Fremden, auch nicht die unterschiedlichen Sitten, Religionen oder Lebensauffassungen, sondern die Angst, die wir Ausländer in unserem Unbewußten fühlen. Wenn die Politiker über die Integrationsprobleme sprechen, verschweigen sie dies beflissen, um nicht anerkennen zu müssen, daß es den Deutschen nicht gelungen ist, in ihren fremden Gästen Vertrauen zu erwecken. Sie bringen es noch fertig, von der Angst der Überfremdung zu reden und die potentiellen Träger der Aggression als mögliche Opfer darzustellen und umgekehrt, die bedrohte, verängstigte ausländische Minderheit als Drohung für die deutsche Mehrheit zu verteufeln, und ich muß mich fragen, ob dieses alte Deutschland, das sechs Millionen Juden auf dem Gewissen hat, nicht wieder zurückkehren könnte. On revient toujours aux premiers amours...

In die Angst mischt sich allerdings die tägliche Erfahrung von Freundlichkeit, Hilfsbereitschaft und Nähe.

UNFERTIG

In der Sternstunde der deutschen Kultur gab es genügend Erzieher, die bemüht waren, ihren Landsleuten die Gesetze der Ästhetik und des guten Geschmacks beizubringen, und Schiller war einer der hervorragendsten. Ich meine hier nicht seinen Versuch, das Theater als moralische Anstalt in Deutschland durchzusetzen (wie auch bei Lessing und Goethe), sondern seine Briefe über die »Ästhetische Erziehung des Menschen«, die ich für die fruchtbarsten und scharfsinnigsten Schriften der deutschen Klassik halte, von denen noch ein Herbert Marcuse zehren konnte. Die in diesen Briefen von Schiller formulierten Ideale haben in Deutschland wenig gefruchtet, am allerwenigsten das Ideal der »schönen Seele«.

Überhaupt bemühten sich damals die führenden Geister Deutschlands, den griechischen Sinn für Schönheit, Harmonie und Feingefühl in ihrer Heimat einzuführen. So schrieb Wilhelm von Humboldt: »Wir haben in den Griechen eine Nation vor uns, unter deren glücklichen Händen alles, was unserem innigsten Gefühl nach das höchste und reichste Menschendasein bewahrt, schon zu letzter Vollendung gereift war.« Der Versuch, Deutschland zu hellenisieren, der etwa mit Winckelmann ansetzt und in Hölderlin seinen vollendetsten Ausdruck findet, war im Grunde von kurzer Dauer. Nach ein paar Jahrzehnten setzte sich der atavistische Hang der Deutschen nach Maß- und Formlosigkeit durch, nach Dunkelheit und Asymmetrie statt Aufklärung: scheinbare Tiefe als Entschuldigung für schlechten Stil und die Unfähigkeit zur Klarheit, Flucht in ein verschwommenes, theoretisches Werden als Ausgleich für den tatsächlichen Druck des Hier und Jetzt, nebelhafte Träume statt heller Gegenwart.

Der griechische Sinn für Augenmaß und Unmittelbarkeit, für das »Apollinische« und Überschaubare stirbt, das ist ein zu enger Rahmen für ein Volk, das nach kolossalen Dimensionen strebt und das schlichte *metron* als eine unerträgliche Schranke seiner Expansionskraft empfindet. Zwar werden es gerade die deutschen Gelehrten – Diels und andere – sein, die das Studium der alten griechischen Philosophie am gründlichsten und eifrigsten betreiben, aber dieser stille, heroische, bewundernswerte Versuch, das hellenistische Denken zu aktualisieren und lebendig zu machen, spielt sich nur im kleinen Kreis Weniger ab. Auf den Straßen ist die Stimmung ganz anders, und so kann es sich Oswald Spengler in der zweiten Dekade des 20. Jahrhunderts leisten, sich über die Griechen großtuerisch lustig zu machen und ihre Tugenden nicht als ein Zeichen von Größe, sondern von Beschränktheit herabzusetzen. Was danach kommt, die Maßlosigkeit, ist schon vorprogrammiert. Lessing, Kant, Goethe, Schiller, Hölderlin und andere große Erzieher der Deutschen sind vergessen, auch wenn sie in den Gymnasien und in den Universitäten pflichtgemäß noch zitiert werden. Was jetzt gefragt ist, ist deutsche Kraft, deutscher Sinn für das Grenzenlose und Unendliche, die – gerade weil sie keinen sichtbaren Horizont haben – immer in einen Abgrund führen werden.

Die Deutschen haben in ihrem Selbsterziehungsprozeß das ästhetische Element vernachlässigt. Sie haben mehr auf die Kraft ihrer Gedanken und ihrer Muskeln gesetzt, und dieses Versäumnis hat für sie schwerwiegende Folgen gehabt. Die neuere deutsche Geschichte ist ein Beispiel dafür, daß Logik und Macht allein nicht ausreichen, um das Leben sinnvoll und fruchtbar zu gestalten.

Für die Griechen waren das Gute, das Wahre und das Schöne unerläßliche Teile einer Einheit, und der Versuch der Deutschen, die zwei ersten Werte ohne den dritten erreichen zu wollen, mußte fehlschlagen, weil damit die Harmonie gesprengt wurde. Ohne Harmonie, Ausgewogenheit und Proportionalität büßte selbst die griechisch beeinflußte deutsche Philosophie (z. B. bei Heidegger) viel von ihrer Stärke ein. Ich finde in diesem Land viel Unfertiges, Rohes und Unschönes, Plumpes und Stilloses, ich vermisse, was Schiller eine »schöne Seele« nannte.

1915 schrieb der gerade nicht deutschfeindliche Romain Rolland: »Nicht an Moral fehlt es den Deutschen. Es fehlt ihnen an moralischem Feingefühl. Sie haben Gewissen, sie haben es vielleicht sogar mehr als die lateinischen Völker. Aber dieses Gewissen hat ein hartes Fell. Es begeht Schlechtigkeiten aus geistiger Plumpheit. Sie sind Grobiane.«

Die friedliche Ordnung, die in Westdeutschland seit Ende des II. Weltkriegs herrscht, gilt im Grunde nur für das institutionalisierte und gesellschaftliche Leben, in der subjektiven und intersubjektiven Welt der alltäglichen Kommunikation und gegenseitigen Begegnung herrscht eine Art unsichtbarer Krieg aller gegen alle.

Daß dieser untergründige, mit Statistiken und objektiven Daten nicht erfaßbare innere Kriegszustand nicht immer sichtbar wird und nicht zu offenen politischen Konfrontationen geführt hat, verdanken die Deutschen ihrer Fähigkeit, den sozialen Druck zu verinnerlichen, und ihrem Bedürfnis, die Bindung an das Unpersönliche nicht aufs Spiel zu setzen.

Das zentrale Element des bundesrepublikanischen Lebens ist deshalb die Konventionalität; man hat ein System von Konventionen konstruiert, das es erlaubt, die innere Feindschaft zwischen den Menschen in Schach zu halten und somit das Funktionieren des Ganzen zu gewährleisten.

Dies ist natürlich kein ausschließlich deutsches Phänomen, vielmehr eine universelle Erscheinung der Industriegesellschaft; trotzdem besitzt das Konventionsmodell, das hier entstanden ist, sein eigenes Profil, ist unverwechselbar deutsch, weil es von den Traditionen dieses Volkes geprägt worden ist. Der Hauptunterschied, der in dieser Hinsicht zwischen der BRD und den anderen Industrienationen besteht, liegt vor allem darin, daß es den Deutschen gelungen ist, den überall herrschenden Konventionalisierungsprozeß des persönlichen und gesellschaftlichen Lebens gründlicher und systematischer zu gestalten. Hier funktioniert das gesellschaftliche *Gefüge* besser als anderswo, in der BRD gibt es weniger Proteste, weniger Streiks, weniger Demonstrationen als in irgendeinem Land der westlichen Welt. Der Deutsche denkt instinktiv an die Erhaltung des Ganzen, an die Kontinuität des sozialen Organismus, versucht, das kollektive Leben mit seinen Launen nicht unnötig zu belasten. Die Zwangsjacke der äußeren Korrektheit, die sich jeder Deutsche morgens beim Aufstehen anzieht, hält freilich nicht immer dem gesellschaftlichen Druck und dem Berufsstreß stand, und manchmal platzt sie auch.

Das Rezept ist übrigens sehr einfach: Mund halten, wenig oder nur ganz leise schimpfen, Ruhe bewahren, sich nicht von Empörung oder Zornausbrüchen hinreißen lassen, sachlich bleiben, tun, was die Mehrheit auch tut, nicht auffallen und aus der Reihe tanzen, diskret und unpersönlich sein, wenig reden, sich kollegial verhalten, tüchtig arbeiten, sich auf die Leistung konzentrieren, Meckerern, Weltverbesserern und Schwätzern grundsätzlich mißtrauen und ihnen keine Beachtung schenken. Das sind ideale Eigenschaften, um dem Wohl des Ganzen zu dienen und soziale Spannungen zu vermeiden. Der emotionale Druck stirbt aber deshalb nicht. Die Aufrechterhaltung der äußeren Strukturen geht auf Kosten des inneren Gleichgewichts, die institutionelle gesellschaftliche Einheit auf Kosten der Desintegrierung des Einzelnen. Wenn andere Länder nicht so reibungslos funktionieren, dann nur deshalb, weil ihre Bewohner nicht bereit sind, den Grad der Selbstrepression und Selbstverleugnung auf sich zu nehmen, der anscheinend für die Deutschen selbstverständlich ist.

DAS KLEINBÜRGERLICHE UND DAS HEROISCH-ROMANTISCHE

Deutschland ist undenkbar ohne das, was ich hier das Heroisch-Romantische nennen möchte, aber genauso unvorstellbar ohne das Kleinbürgerliche. Diese seltsame, schwer zu vereinbarende

Mischung hat mich immer beschäftigt und ist mir als einer der unzähligen Widersprüche dieses Volkes erschienen.

Da ist die Liebe zur Ordnung, zu friedlichen, wohlgeordneten und geregelten Verhältnissen, die peinliche Gründlichkeit, mit der die Deutschen ihre Alltagsangelegenheiten erledigen, zu Hause, im Geschäftsleben und auf der Straße, bei der Arbeit im Betrieb und im Büro. Alles ist gut organisiert, fast alles klappt, alles wird ordentlich und sauber gehalten, kein Detail vergessen. Die öffentlichen Verkehrsmittel fahren pünktlich, die Produktion in den Fabriken läuft wie am Schnürchen, die Verwaltung ist tüchtiger als in anderen Ländern, das Markenzeichen »Made in Germany« ist in der Welt bewundert und begehrt.

Dieselbe kleinbürgerliche Idylle im privaten Bereich. Die Deutschen vergessen nicht den Blumenstrauß für die Gastgeberin, die sie besuchen, oder für die eigene Frau, sammeln Geld für den Geburtstag der Kollegen, sprechen jeden korrekt mit »Sie« an, kleiden sich anständig, pflegen harmlose Hobbies, basteln im Keller am Wochenende, haben saubere Wohnungen, spielen oft ein Musikinstrument, sammeln Briefmarken, gehen mit dem Hund spazieren, füttern liebevoll die Katze, erfüllen gewissenhaft ihre Wahlpflicht und zahlen im großen und ganzen pünktlich ihre Steuern.

Die Deutschen haben die erstaunliche, bewundernswerte Fähigkeit – und ich sage dies ohne jede Ironie –, jahrelang in dieser biederen Welt der Ereignislosigkeit und der Leistung zufrieden zu leben, und dann plötzlich, aus irgendeinem obskuren, schwer durchschaubaren Grund, bricht bei ihnen das Heroisch-Romantische auf, und sie werfen alles, was sie sorgfältig aufgebaut und gepflegt haben, weg und stürzen sich mit geschlossenen Augen in ein irrationales, verrücktes Abenteuer, ohne Übergang, schnell und abrupt, so wie seismographische Erschütterungen eintreten.

Das »Kultivierte« wird wie eine unbequeme Last weggeworfen. »Kultur ist kein Haben, kein Genießen, sie ist Sein, Wirken, Werden, ein Erschaffen, Zerstören, Verwandeln – und Attila hat mehr mit Kultur zu tun als alle Shaw, Maeterlinck, d'Annunzio und dergleichen zusammen... Wer stark ist zu schaffen, der darf auch zerstören.« (Frankfurter Zeitung, 11. Okt. 1914). Und der Mann, der sich auf Attila als Grundlage der Kultur berief, war selbst ein Kulturwissenschaftler, und kein unbedeutender, nämlich Friedrich Gundolf. Selbst Thomas Mann verfiel in seinen jungen Jahren einem solchen Rausch des Irrationalen, so z. B., als er den Frieden »das Element der zivilen Korruption« nannte und die Kultur als »irgendeine gewisse Organisation der Welt« definierte, »und sei das alles auch noch so abenteuerlich, skurril, wild, blutig und furchtbar«. (»Gedanken im Kriege«, November 1914)

Oft habe ich über diese in regelmäßigen Abständen immer wiederkehrende Euphorie des Dämonischen nachgedacht, ohne eine wirklich befriedigende Erklärung dafür gefunden zu haben. Ich bin geneigt zu glauben, daß das Kleinbürgerliche in diesem Lande so perfektioniert und durchorganisiert ist, daß es langfristig einen ungeheuren inneren Druck erzeugt, der unvermeidlich explodieren muß wie ein Kessel, der den heißen Dampf nicht mehr halten kann und sich gewaltsam öffnet. Vor allem nach dem II. Weltkrieg wurde dieser deutsche Zwiespalt zwischen Aufbauendem und Zerstörendem diskutiert. Was sich damals ein amerikanischer Autor fragte, hat bisher keine befriedigende und erschöpfende Antwort bekommen: »How is it that the german people, so orderly well-disciplined, so industrious and persevering, so advanced in the material ways of civilization, and perhaps the best educated people in the world, can be at the same time so politically immature and so irresponsible, and guilty of the rampant militarism, aggression, and colossal brutality and barbarism that the war revealed to the world?« (T. .L. Jarman, »The Rise and Fall of Nazi Germany«)

Die Deutschen sind doch ein gelehriges Volk und vielleicht könnten sie eines Tages lernen, nicht unbedingt alles perfekt machen zu wollen und ihr bürgerliches Dasein nicht bis ins kleinste Detail zu planen. Dadurch würde ihr Alltag freier, und das Bedürfnis, mit Gewalt auszubrechen, nicht mehr so unvermeidlich sein. Ein goldener Käfig ist auch ein Käfig, und wenn er immer verschlossen bleibt, kommt der Tag, an dem man die Gitter sprengen muß. Also weg mit dem Käfig!

ENGLÄNDER, SPANIER, DEUTSCHE

Ich habe in den letzten Tagen wieder Romane von Somerset Maugham gelesen. Es war die richtige Lektüre, um meinem Trübsinn zu entfliehen. Die Fähigkeit, den Schlägen des Schicksals mithilfe des Spotts und des Sarkasmus zu widerstehen und sie zu entkräften, hat mir immer gefehlt, und ich beneide Maugham um diese Fähigkeit. Aber dies ist ja der Unterschied zwischen Engländern und Spaniern. Ironie dort, Leidenschaft hier. Ich glaube, daß sie es besser gehabt haben als wir, denn Leidenschaft macht blind, Ironie hingegen schafft eine Perspektive und entspannt.

Beruht das Drama Spaniens nicht auf unserer Unfähigkeit, die Dinge auf Distanz zu sehen, gelassen zu sein und zu handeln? Unser Herz schlägt immer zu wild, unser Kopf war immer zu heiß.

Nebenbei bemerkt: Zwischen der spanischen Leidenschaft und dem deutschen Ernst bestehen gewisse Berührungspunkte: Das Wort »Gravedad«, das in unserer Geisteshaltung und in unserer Geschichte eine wichtige Rolle gespielt hat (vor allem in Altkastilien) entspricht in mancherlei Hinsicht der deutschen Ernsthaftigkeit. Und es ist auch bezeichnend, daß, so wie sich die Deutschen seit Tacitus auf ihren »furor teutonicus« berufen, wir uns wegen unserer »furia española« rühmen. Auch der Hang zur Gewalt ist beiden Völkern gemeinsam, und es ist sicher kein Zufall, daß ihre Geschichte zu den turbulentesten und unglücklichsten Europas gehört. Die Gleichgültigkeit gegenüber dem Blutvergießen, das Karl Marx als etwas spezifisch Spanisches ansah, kann ebenso als eine deutsche Eigenschaft gelten. Oder gibt es nicht eine gewisse Parallele zwischen der spanischen Inquisition und den Gaskammern von Auschwitz? Beide wurden überdies gegen dasselbe Volk gerichtet: gegen die Juden. Friedrich Schlegel glaubte, daß Spanien und Deutschland die geeignetsten Völker wären, um Europa zu führen, und er begründete diesen seltsamen Gedanken so: »Diese beiden Nationen, die sich beide durch aufrichtige Religiosität der Gesinnungen und der Gefühle von jeher vor allen anderen europäischen auf das stärkste ausgezeichnet haben, wären am würdigsten und am geschicktesten gewesen, die andern zu lenken, wenn es gelungen wäre, sie so innig zu verbinden, als es vor der Festsetzung der beiderseitigen am Ende doch nur zufälligen Vorurteile wohl möglich gewesen wäre, da Ehre und Liebe, Stolz und Freundschaft bei beiden in gleicher Festigkeit und Schönheit wurzelten und blühten, und eine Tapferkeit, die nicht bloß Folge eines vorübergehenden Motivs, einer besonderen Situation und Einrichtung, sondern ursprünglich und angeboren ist, beiden gemein war; die klimatische Verschiedenheit der nordischen Tiefe und des südlichen Feuers aber statt eines Hindernisses vielmehr noch ein Grund mehr für die Annäherung und Verbindung hätte sein sollen.« (»Reise nach Frankreich«)

Ich kann über solch hispanisch-germanische Schwärmerei nur bitter lächeln, denn im Gegensatz zu Schlegel glaube ich, daß diese beiden Nationen die ungeeignetsten sind, um Europa zu lenken, denn, wie ihre Geschichte zur Genüge beweist, fehlt beiden der Sinn für Proportionen, wenn auch aus verschiedenem Grund. Sie wollten immer alles oder nichts, die Welt mit Gewalt gestalten, und das muß mit einem Fiasko enden.

Das britische Element genügt natürlich nicht, um ein fruchtbares, sinnvolles Europa zu schaffen, aber im großen und ganzen ziehe ich die *Pax britannica* einer teutonisch-iberischen Herrschaft vor. Es war deshalb gut, daß die Engländer die Armada von Philipp II. zerstörten und damit der spanischen Hegemonie ein Ende setzten; und es war noch besser, daß Churchill die Expansionspläne und Kriegsziele des Nazi-Deutschland zunichte machte.

HEINRICH BÖLL UND DIE DEUTSCHEN

Heinrich Böll verkörpert für mich wie kaum ein anderer Schriftsteller in der Bundesrepublik die besten Traditionen des deutschen Geistes. Ich meine hier nicht sein literarisches Talent, sondern seinen Humanismus. Ich bin ihm nur einmal kurz begegnet, durch Zufall, und habe nicht mehr als ein paar Minuten mit ihm gesprochen. Er wirkte vornehm und doch nah und unvoreingenommen, spontan, zugänglich, gütig. Ich mußte an Schillers »schöne Seele« denken, auch an Hölderlin, für mich die erhabenste, sublimste Gestalt der deutschen Klassik.

Böll erfüllte, ohne es zu wollen, die Sehnsucht, die in den fünfziger Jahren nach den »guten Deutschen« entstand, und seine Existenz und sein Werk dienten als Beweis, daß das deutsche Volk doch nicht so böse sein konnte wie man unmittelbar nach dem Krieg gesagt hatte. Das Bedürfnis nach moralischer Rehabilitation, das der durchschnittliche Nachkriegsdeutsche fühlte, um sich von seinem Schuldkomplex und seiner inneren Unsicherheit zu befreien, wurde in der Solidarisierung mit

Heinrich Böll befriedigt, weil er wie kein anderer, das Charisma des Guten und Edlen ausstrahlte.

Aber wurde Böll wirklich von den Deutschen verstanden? Ich fürchte, daß die Deutschen ihn als Vorwand benutzt haben, um sich ein gutes Gewissen zu verschaffen, statt zu versuchen, sich seinen Sinn für Gerechtigkeit, Wahrheit und Menschlichkeit anzueignen. Die zunehmende Verehrung für ihn lief parallel mit einer zunehmenden Enthumanisierung des deutschen Lebens, mit Verhärtung und Brutalisierung, und die Angriffe, Verdächtigungen und Drohungen, die er hinnehmen mußte, sind selbst ein Beleg dieses Prozesses. Böll bleibt deshalb eine Ausnahme, die gesellschaftliche Entwicklung hat sich stärker gezeigt als sein persönliches Beispiel.

Es stellte sich heraus, daß dieser Böll, der von den Nachkriegsdeutschen wegen seines Humanismus und seines literarischen Werkes verehrt wurde, auch ein Non-Konformist war, ein unbequemer Mahner und Kritiker, ein engagierter Intellektueller, der unermüdlich gegen jede Form der Verlogenheit auftrat und seine Stimme für die Verfolgten, Unterprivilegierten und Verdammten erhob. Er konnte also nicht zu einem Standard-Modell für den Durchschnittsdeutschen werden. Er wurde vielmehr zum moralischen Gerichtshof der bundesdeutschen Gesellschaft, zum Gewissen der Nation, vergleichbar Zola in der Zeit der Dreyfus-Affäre, oder Camus und Sartre nach dem II. Weltkrieg in Frankreich oder Bertrand Russell in England.

Böll hat diese Rolle natürlich nicht bewußt angestrebt und noch weniger gepflegt. Er hat sich letztlich nicht institutionalisieren lassen. Er blieb ein Einzelgänger. Ich sehe ihn als einen Guerillero des Geistes, der auf eigene Faust, ohne Apparate und Organisationen, für eine bessere Welt kämpfte. In diesem Sinne ähnelt er sehr der Gestalt von Don Quichotte, obwohl er, soviel ich weiß, den Helden von Cervantes in seinem Werk nicht erwähnt hat. Aber die Parallelen sind zu evident, um sie zu übersehen. Sein Engagement für eine humanere Gesellschaft ist moderner Don-Quichottismus, auch sein Humor und seine Ironie erinnern an Cervantes. Nur die Windmühlen sehen heute anders aus. Böll hat einmal gesagt, er sei ja gar nicht bescheiden, und wenn man dieses Wort nicht mißversteht, leuchtet seine Aussage auch ein. Denn ein gerechter Mensch sein zu wollen, erfordert auch Kampfbereitschaft und Mut, und auch in dieser Hinsicht ist Böll ein Nachfolger Don Quichottes gewesen.

Die Kritik Bölls richtet sich unmittelbar gegen die Widersprüche und Unzulänglichkeiten im eigenen Land, aber mittelbar treffen sie auf den Zustand der gegenwärtigen Zivilisation zu.

Wenn man als Ausländer die Kritik Bölls an Deutschland liest, muß man sehr bedacht sein, nicht in Selbstgerechtigkeit zu verfallen und sich sagen: »Das trifft auf mich nicht zu, da sind nur die Deutschen gemeint«. Im Grunde sind wir alle gemeint, weil wir alle Kinder unserer Zeit sind, und genauso wie »Andorra« von Max Frisch, ist Deutschland überall.

NACHMITTAGE IM WALD

Die Verbundenheit mit einer Landschaft, die zu einem Land gehört, das nicht das meine ist, beweist mir, daß die Natur, zumindest teilweise unabhängig von der Geschichte, den Urteilen, Vorurteilen und Ideologien auf mich wirkt.

Die Landschaft, die ich manchmal bewußt, manchmal unbewußt während meiner Wanderungen wahrnehme, besteht nicht nur aus den unmittelbaren Gegenständen, Farben oder Flächen, nicht nur aus den Bäumen, den Wiesen, den Feldern, dem Schnee oder dem Regen; es ist nicht nur etwas Optisch-Objektives, das man mit den Augen fassen kann; zu ihr gehört auch eine subjektive Stimmung, die sich in mir selbst bildet, die ich fühle, ohne sie genau definieren zu können; es ist die Möglichkeit des Traums. Dieses erfüllte Einssein mit der Natur ist auch ein Zeichen meiner Einsamkeit, ein Ersatz für die fehlende Freundschaft und menschliche Wärme. Ich kann mir die deutsche Philosophie und die deutsche Dichtung, die deutsche Romantik ohne die Wälder dieses Landes nicht vorstellen, denn in ihnen liegt etwas Metaphysisches und Poetisches, um nicht zu sagen Mystisches.

Ich komme aus einem waldarmen Land; in meiner Heimat sind Wälder knapp und kümmerlich, ohne das Ausmaß, die Dichte und die Tiefe des deutschen Waldes und deshalb ohne ihren Zauber. Und so wie der deutsche Wald dieses Volk beeinflußt hat, genauso ist die spanische Mentalität von dem Mangel geprägt worden. Man kann stundenlang durch Kastilien, durch La Mancha, Estremadura oder Aragón ziehen, und man wird kaum etwas anderes finden, als verlorene kleine Dörfer, kahle Felsen, verdorrte Erde. Die Landschaft dringt in das Innere der Menschen, die in diesen wüstenartigen, weiten Ebenen und Hochebenen wohnen, sie werden mit der Zeit wie sie. Ich weiß, die Deutschen finden diese desolate, öde Mondlandschaft aufregend, wild, exotisch, beeindruckend wie ein Bild von Velasquez, Zurbaran oder Goya. Ich verstehe diese Bewunderung, aber der Wald ist mir zum intimsten Refugium meiner Einsamkeit geworden.

DAS NATIONALE UND DAS UNIVERSALE

Als ich vor einigen Jahren nach einem Fernsehstreitgespräch Truman Capote im Speisesaal des Madrider Palace-Hotel fragte, was er über Hemingway denke, sagte er ohne zu zögern:

»Er beging den Fehler, ein spanischer Macho werden zu wollen«. Eine Antwort, die mich an Wilhelm Busch erinnerte: »Die Nationalität ist ein Ding, was keiner bei lebendigem Leibe los wird, er mag kratzen soviel er will«.

Ich werde nie wie ein Deutscher fühlen können, ein Deutscher werden, auch wenn es mir gelingen sollte, eines Tages die deutsche Sprache vollkommen zu beherrschen. Und dennoch: Deutschland und das Deutsche sind ein unzertrennlicher Bestandteil von mir selbst geworden, und ich könnte mich von diesem übernommenen Element nicht trennen, ohne innerlich zerrissen zu werden.

Der Gedanke, daß ich meine spanische Eigenart verlieren könnte, erfüllte mich früher mit einer Art Panik, und das war ein Zeichen, daß sich mein Unbewußtes wehrte, vom deutschen Einfluß absorbiert und annulliert zu werden. Dies hat sich im Laufe der Jahre geändert: Ich habe nicht mehr das Bedürfnis, meine spanische Identität unbedingt bewahren zu wollen, ich habe nichts dagegen, daß sie sich verflüchtigt und an Konsistenz verliert, wie ein Mineral, das mit der Zeit porös wird.

Das Heimatlich-Ursprüngliche, das ich in mir trage, und das Fremde-Neue, das ich in der Bundesrepublik gefunden habe, betrachte ich nicht mehr als unvereinbare Gegensätze, sondern vielmehr als zwei gleichberechtigte, sich ergänzende Pole. Mein ehemaliger spanischer Stolz erscheint mir – rückschauend – als ein Zeichen von Unreife und Überspanntheit, und ich bin froh, sie überwunden zu haben. Andererseits habe ich damit an Selbstbewußtsein verloren. Das Nationale schreckt mich jetzt. Die Wahrheit kann niemals national sein. Es gibt keine Nation, auch die denkbar vollkommenste nicht, die das Universale repräsentieren könnte, es ist ein Werk der Gemeinschaft, und man muß in diesem Zusammenhang an Goethe denken, der an Schiller schrieb: »Nur sämtliche Menschen erkennen die Natur, nur sämtliche Menschen leben das

Menschliche.« Gegen Kants Ideal vom »ewigen Frieden« entschieden sich die Deutschen für die engstirnige Option des Nationalen. Bernanos schrieb 1938: »Ich bin nicht, bin nie gewesen, werde niemals national sein... Ich bin nicht national, weil ich genau wissen möchte wer ich bin, und das Wort national ist völlig ungeeignet, es mich zu lehren.« (»Les grands cimetières sous la lune«)

POTENTIELL MINDERWERTIG

Um von den Deutschen akzeptiert zu werden, muß man zuerst beweisen, daß man würdig ist, unter ihnen zu leben. Potentiell ist man immer verdächtig, minderwertig zu sein, nicht die Voraussetzungen zu erfüllen, die die Einheimischen zu besitzen glauben, als eine Art Gottesgabe. Man muß sich immer bewähren, wie man es von ehemaligen Sträflingen erwartet, die aus dem Gefängnis auf Bewährung entlassen wurden.

Und die Probe ist streng. Man kann zum Beispiel durch die äußere Erscheinung negativ auffallen, durch die Hautfarbe sowieso, oder weil man sich anders kleidet oder anders kocht, weil man in der Küche Knoblauch, Olivenöl oder Zwiebeln zu oft verwendet. »Riechen Sie diesen Gestank?« fragen sich auf der Treppe die empörten Klatschtanten mit scharfer Stimme. »Eine Zumutung! Die sollten zurück, wo sie herkommen!« So entstehen Gettos, so keimt die stille Ranküne. Harmlose Bräuche, die anderswo selbstverständlich sind, werden zum unerträglichen Makel, zum Zeichen von Minderwertigkeit, zum Stein des Anstoßes, und sie genügen, die Ablehnung und den Haß zu wecken. Es nützt wenig, daß sich die Ausländer ducken und versuchen, demütig die deutschen Bestimmungen und Grundsätze zu respektieren – was die meisten schon aus Selbsterhaltungstrieb tun –, sie werden trotzdem mit schiefen, mißtrauischen Augen betrachtet, aus Prinzip, so daß sie immer verdächtig bleiben, minderwertig zu sein, eben »anders«.

Mein Gott! Daß man Sauerkraut, Blumenkohl und gekochte Kartoffeln ißt, ist doch kein Grund, besonders stolz zu sein! Und nebenbei gesagt, riechen diese Gerichte nicht unbedingt wunderbar.

Die Ausländer, die in der Bundesrepublik leben, werden auf lange Sicht die Bewährungsprobe für die Westdeutschen sein. Die Art, wie sie diese Minoritäten behandeln, wird beweisen, ob sie ihre nationalistisch-rassistische Vergangenheit überwunden haben und ein aufgeklärtes, kosmopolitisches Volk geworden sind. Ich müßte eigentlich sagen, *wieder* geworden sind, denn bevor das Virus des Pangermanismus die deutsche Seele vergiftete, waren die Deutschen eher xenophil als xenophob, an erster Stelle Kant, der stellvertretend für seine Generation und den Geist seiner Zeit den schönen Begriff der »Hospitalität« prägte, als die einzig angemessene Einstellung zu den Ausländern. »Die Reife einer Demokratie wird daran gemessen, wie sie ihre Minderheiten behandelt.« (Papst Johannes Paul II.) Es ist noch zu früh, um vorauszusehen, welchen Ausgang dieses Problem in der BRD nehmen wird. Klar ist nur, daß die Tendenz zur Diskriminierung wächst.

Andererseits wächst auch das Engagement der Deutschen gegen Rassismus und Ausländerfeindlichkeit. Es mehren sich die Aufrufe der Kirchen, der Intellektuellen und anderer Kreise zugunsten der ausländischen Minderheiten. Diese Gruppen repräsentieren das Gewissen Deutschlands, des Deutschland der Kultur und des Geistes, der Ethik und des Humanismus.

Den Rassismus habe ich streng genommen nicht in Westdeutschland entdeckt, auch nicht in Frankreich, England, der Schweiz, in Belgien und anderen europäischen Ländern. Ich erlebte ihn schon in meiner eigenen Heimat. Die Verachtung, die die Basken und die Katalanen für die Bewohner anderer Regionen empfinden, ist nicht sehr weit entfernt von derjenigen, die man hier in der BRD für die Nichtdeutschen empfindet. Die Terrorakte der ETA beweisen, wie haßerfüllt dieser innerspanische Rassismus sein kann. »Meteken« werden im Baskenland die Emigranten, die sich dort niedergelassen haben, genannt, »Charnegos« in Katalonien. Die separatistischen Bestrebungen dieser beiden Regionen, die eine Konstante der modernen spanischen Geschichte bilden, hatten immer, außer berechtigter politischer Gründe, einen starken ethnischen Hintergrund, gingen von den Voraussetzungen aus, daß diese beiden Teile Spaniens Menschen von »besonders hoher Qualität« hervorbringen.

Ich wurde in Barcelona geboren und wuchs in dieser Stadt auf, die wegen ihres schnellen Industrialisierungsprozesses viele Arbeitskräfte anzog. Sie wurden grundsätzlich mit Mißtrauen und Argwohn von den katalanischen Spießern aufgenommen, deren Selbstgefälligkeit genauso infantil und dumm war, wie die, die ich später außerhalb Spaniens antraf. In der Zeit, in der ich meinen Militärdienst absolvierte, erlebte ich aus nächster Nähe, wie die katalanischen Soldaten ihre bessere Bildung und ihre Zivilisiertheit stolz betonten und sich über die Rekruten, die aus ärmeren, rückständigen Regionen kamen, lustig machten. In den fünfziger Jahren waren 60 Prozent der immatrikulierten Studenten an der Universität Barcelona nichtkatalanischer Abstammung, das heißt, Immigranten, die die Sprache dieses Landes gar nicht oder unvollständig beherrschten. Ich hatte zu dieser Zeit Kontakt mit einer Gruppe katalanischer Studenten, die Anti-Franco-Parolen und Flugblätter in der Universität verbreiteten. Eines Tages wurde beschlossen, ein Manifest gegen das Regime zu veröffentlichen, und zwar in katalanischer Sprache. »Ein großer Teil der Studenten wird den Inhalt entweder unvollständig oder gar nicht verstehen«, warf ich ein. »Dann sollen sie eben unsere Sprache lernen«, erwiderten scharf und ultimativ die Wortführer der Gruppe.

Dieser kleinkarierte Nationalismus und Rassismus ist heute im Baskenland und in Katalonien geläufig, und sowohl die Behörden, als auch die einheimische Bevölkerung nutzen jede passende und unpassende Gelegenheit, um den spanischsprechenden Immigranten ihre Abneigung zu zeigen und sie zu diskriminieren. Durch Regierungsverordnungen und Verwaltungsmaßnahmen aller Art sollen die Nichteinheimischen gezwungen werden, die Sprache und die Kultur ihres Gastlandes zu akzeptieren, was im übrigen nur Widerwillen und Gegenhaß unter den Betroffenen erzeugt.

DER PREUSSISCHE STIEFEL

Ich halte den Versuch, die geschichtliche Rolle Preußens neu zu bewerten und in ein günstigeres Licht zu stellen – wie in letzter Zeit in der DDR und in der BRD zu beobachten ist – für einen Unfug, für einen blinden Akt der Nostalgie, für ein unbewußtes Bedürfnis, die verlorene Identität Deutschlands wieder zur Geltung zu bringen und die zukünftige Wiedervereinigung psychologisch vorzubereiten. Nichts gegen diese Sehnsucht, aber nicht auf Kosten einer groben Verfälschung der Geschichte.

Haben diese Spät-Apologeten Preußens nicht die »Lessing-Legende« Franz Mehrings gelesen, nicht Kant, von Ossietzky, Tucholsky, Mühsam, Ernst Toller und die anderen antimilitaristischen und antifaschistischen Publizisten? Der Engländer Christoph Dawson bewies mehr Luzidität als die neuen Gamaschen-Ideologen Preußens und Bismarcks, als er schrieb: »Der verhängnisvolle Schritt wurde erst getan als Bismarck beschloß, den Weg der Versöhnung zu verlassen und die nationale Einheit unter preußischer Führung durch Blut und Eisen zu vollziehen«. (»Understandig Europe«) Es war ja das Verhängnis des deutschen Volkes, seine nationale Einheit durch die Durchsetzungs- und Expansionskraft Preußens wiederherzustellen, eine Macht, die mehr als ein Staat oder eine Kultur, eine Militärmaschine war. Preußen ging es letzten Endes nicht um die Einheit des Reiches, das war nur die Vorbedingung oder das Sprungbrett für die Vollziehung eines viel gefährlicheren Ausdehnungs- und Herrschaftsprozesses. »In Preußen gab es keine Ruhe, keine Muße, nur die Spannung des Tigers, der auf den Sprung lauert«, hat ein anderer Engländer – Lord Acton – dieses Sich-Richten auf die große Beute treffend bezeichnet. Und die Jagd auf die Beute begann in Deutschland selbst, ihre ersten Opfer waren Schlesien und Sachsen, dann nach und nach der Rest. Die Grundlage des zweiten Reiches war die Eroberung oder Verknechtung West- und Süddeutschlands durch den preußischen Stiefel. Konstantin Frantz sagte es lakonisch: »Die Reorganisation Deutschlands war dabei der Vorwand, Zweck die Erhöhung der preußischen Machtstellung.«

Das preußische und nichtpreußische Deutschland war ein krasser Gegensatz, ein Dualismus ersten Ranges, den auch die Gemeinschaft der Sprache nicht überwinden konnte. Es war ungefähr derselbe radikale Kontrast, wie er in Griechenland zwischen Athen und Sparta bestanden hatte. Das Deutschland des 18. und zu Anfang des 19. Jahrhunderts hatte in geopolitischer Hinsicht eine große Ähnlichkeit mit dem klassischen Griechenland und dem Italien der Renaissance, es bestand im Grunde auch aus kleinen Polis und freien Republiken mit einer sehr entwickelten Kultur; Preußen war dagegen eine große Kaserne, eine Armee.

Preußen hat in der Geschichte Deutschlands eine ähnlich unheilvolle Rolle gespielt wie Kastilien in Spanien, nur dreihundert Jahre später. Dort wie hier setzte sich der soldatische Stiefel und das Säbelrasseln als letzte »raison d'état« auf Kosten der freien Entwicklung der anderen Regionen durch, die in

Spanien und in Deutschland fortgeschrittener, gebildeter und liberaler waren, deshalb auch europäischer und universaler, mehr zu Kompromissen und Ausgeglichenheit bereit. Der einzige Unterschied bestand darin, daß Kastilien den Katholizismus und die Gegenreformation verteidigte und exportieren wollte, Preußen dagegen protestantisch war. Aber in beiden Fällen war die Wirkung des selbst übernommenen geschichtlichen Auftrags höchst reaktionär, wenngleich in Preußen einige nicht unwichtige Elemente der Aufklärung im Spiel waren, schon aus dem einfachen Grund, daß ihr geschichtlicher Aufstieg mit dem Jahrhundert der Vernunft übereinstimmte, eine Tatsache, die in Friedrich II. selbst ihren Ausdruck fand.

Es war verhängnisvoll, daß in Deutschland der Geist Potsdams die Oberhand gewann. Dadurch wurde die humanistische Tradition, die sich in den kleinen Städten des nichtpreußischen Deutschland gebildet hatte, gehemmt und in eine falsche Richtung gebracht, und so sehen wir auf einmal die ganze deutsche Kultur in den Dienst der plumpen und arroganten Politik Preußens gestellt und dadurch erniedrigt und mißbraucht.

Auch Österreich geriet in Mitleidenschaft und damit das mitteleuropäische Gleichgewicht, das nach der imperialistischen Politik Napoleons in Europa durch Metternich entstanden war. Österreich konnte seine Integrations- und Vermittlerrolle nicht mehr spielen, weil es durch Preußen 1866 gedemütigt worden war und seinen historischen Rang verlor. Auch hier halte ich mich an Dawson: »Die Ersetzung Österreichs durch Preußen in der Führung Germaniens bedeutete just den Verlust derjenigen Eigenschaften (wie politisches Augenmaß und internationale Verantwortung), die gerade die Eigenschaften waren, die ein einheitliches Deutschland am meisten brauchte.«

Man darf natürlich den Dualismus zwischen Preußen und dem übrigen Deutschland nicht als etwas Absolutes auffassen. Die Grenzen sind fließend, und das fängt schon bei den vielen Preußen an, die gar nicht preußisch eingestellt waren, die mehr zum Weimarer Geist gehörten als zum Potsdamer. Kant, Winckelmann, Herder, Wilhelm von Humboldt waren zum Beispiel geborene Preußen, aber man kann nicht im Ernst behaupten, daß sie die Ideologie der preußischen Junker und Offiziere teilten, genauso wenig wie Heinrich von Kleist oder Hoffmann. Andererseits gab es nicht wenige nichtpreußische Deutsche, die in den Sog der Macht- und Expansionspolitik Preußens gerieten, und ich brauche hier nur an Fichte, an Hegel vor allem, aber auch an Schelling zu erinnern. Diese drei Philosophen stellten sich irgendwann in die Dienste der Berliner Interessen, und Hegel war der eifrigste und servilste.

Dies alles liegt jetzt zwar sehr weit zurück, aber ich sehe noch die preußischen Stiefel auf dem Pflaster Ostberlins marschieren und paradieren, nur in Form des Marxismus-Leninismus. Lenin selbst hätte diese Entwicklung sicher nicht mißfallen; er war ein eifriger Leser Clausewitz' und ein echter Bewunderer Deutschlands, vor allem Preußens. Das Wort Kommissar, das nach der russischen Revolution zum Inbegriff des bolschewistischen Geistes wurde, gehörte schon zum Verwaltungsvokabular der Hohenzollern, war also preußischen Ursprungs.

Aber selbst ein so weitblickender Mann wie Marx ließ sich in bestimmten Augenblicken von der Macht und Herrlichkeit Preußens blenden, vor allem in der Zeit des preußisch-französischen Kriegs. So schrieb er am 20. Juli 1870 an Engels: »Die Franzosen brauchen Prügel. Siegen die Preußen, so wird die Zentralisation der state power nützlich der Zentralisation der deutschen Arbeiterklasse. Das deutsche Übergewicht würde ferner den Schwerpunkt der westeuropäischen Arbeiterbewegung von Frankreich nach Deutschland verlegen, und man hat bloß die Bewegung von 1866 bis jetzt in beiden Ländern zu vergleichen, um zu sehn, daß die deutsche Arbeiterklasse theoretisch und organisatorisch der französischen überlegen ist. Ihr Übergewicht auf dem Welttheater über die französische wäre zugleich das Übergewicht unsrer Theorie über die Proudhons etc.« Auch Engels unterlag dem Geist des Preußentums: »Du siehst aber, wie recht ich hatte in dieser preußischen Militärorganisation eine enorme Kraft zu sehen, die bei einem Nationalkrieg, wie jetzt, vollständig unbesiegbar ist.« (Brief an Marx, 12. August, 1870) Und ein paar Tage später: »Darum aber den Antibismarckismus zum alleinleitenden Prinzip erheben, wäre absurd. Erstens tut Bismarck jetzt, wie 1866, immer ein Stück von unsrer Arbeit, in seiner Weise und ohne es zu wollen, aber er tut's doch. Er schafft uns reineren Bord als vorher.«

Welche Blindheit, den preußischen Militarismus mit dem Heil der deutschen und der europäischen Arbeiterbewegung allgemein zu identifizieren! Hier wurde die Dialektik zum reinen Blendwerk. Bebel und Liebknecht sahen in diesem Punkt klarer als Marx/Engels, wie ihr Einsatz gegen Bismarck und dessen Kriege beweist. Wie tief aber der Geist Preußens in die Reihen der Sozialdemokratie in den kommenden Jahrzehnten eindrang, stellte sich unmißverständlich heraus, als 1914 die Mehrheit der sozialdemokratischen Reichstags-Abgeordneten den Kriegskrediten zustimmte und der imperialistischen Politik Wilhelm II. den Segen gab.

NICHT NUR DEUTSCHLAND ODER DIE »MALADIE DU SIÈCLE«

Was ich in Deutschland gesehen habe, ist nicht nur das Leben innerhalb eines bestimmten Landes, sondern auch der Stil einer Epoche, eines Zeitalters, ein Zivilisationsstadium. Der Faschismus ist nicht zurückgekehrt, aber die Erwartungen, die nach seiner Niederlage aufkamen, sind auch nicht in Erfüllung gegangen. Wir sind alles in allem eine Generation von enttäuschten Kindern. Konsum, Wohlstand, äußerer Frieden führten zu der bekannten Formel »uns ist es nie so gut gegangen«, aber innerlich fühlte man sich unzufrieden, leer. Es war die Zeit der banalen Kompensationen; die Menschen haben für lauter kleine Dinge gelebt, und das genügte am Ende doch nicht, um wirklich glücklich zu sein und sich mit dem Leben zu versöhnen. Becketts »Warten auf Godot« ist dafür eine Metapher.

Die Biedermeier-Mittelmäßigkeit habe ich in Deutschland sehr stark empfunden, auf Schritt und Tritt, es war ein Gefühl, das man mit den Händen greifen konnte, das gegenwärtig war, genauso wie die Feuchtigkeit oder der Regen, aber das ist nicht nur deutsch, es ist die »maladie du siècle«. Es fehlen nur die Tränen, die Alfred de Musset und seine Zeitgenossen vergossen, um ihren Kummer loszuwerden.

Hinter der Vielzahl von Individuen und ethnischen Varianten ist ein riesiger Moloch entstanden, der die Menschen nach einem einheitlichen Muster geformt hat, genauso, wie die Fließbänder Serienprodukte abwerfen. Das Ergebnis: allgemeine Mediokrität.

Das einzige, was die Deutschen in diesem Zusammenhang getan haben, war, den Prozeß der Standardisierung zu perfektionieren. Deshalb erschien auch hier die Krankheit des Jahrhunderts trostloser als anderswo, wenigstens innerhalb Europas.

SELBSTHERRLICHKEIT MIT AUSCHWITZ IM HINTERGRUND

Die Deutschen sind beharrlich, und nirgends zeigt sich dieser Charakterzug so gründlich und insistierend wie in ihrer Liebe zur Heimat. Nicht nur Banausen singen hier unerschütterlich immer wieder das hohe Lied des Patriotismus. Als Beweis für die deutsche Tradition des nationalen Kults erwähne ich hier nur ein paar Beispiele. Leibniz z.B., der sich sein Leben lang bemühte, die religiösen, dynastischen und nationalen Gegensätze Europas zu überwinden, verlor jeden Halt, wenn er über Deutschland sprach, so daß der kritische Philosoph, Erfinder und Wissenschaftler zum sentimentalen Lyriker wurde: »Wir verwundern uns über den äußerlichen Glanz der fremden Länder, durch die wir reisen, und bedenken nicht, daß allemal das Beste zur Schau herausgelegt wird: sie wissen besser als wir, ihre Ungelegenheiten zu verbergen, aber wer in das Innere schaut, sieht ihr Elend und muß unser Deutschland loben, das ein rauhes Ansehen, aber einen nährenden Saft in sich hat. Denn seine Hügel fließen mit Wein und seine Täler triefen mit Fett. Wenn der Herr Friede gibt, so wohnt Freude und Wonne in unsern Mauern. Gesegnet ist dies Land, wenn es den Herrn fürchtet und wenn seine Einwohner die Tugend lieben. Gott hat den Deutschen Stärke und Mut gegeben, und es regt sich ein edles Blut in ihren Adern; ihre Aufrichtigkeit ist ungefärbt und ihr Herz und Mund stimmen zusammen.« Oder Wilhelm von Humboldt, der große Griechenland-Verehrer, liberale Humanist und Aufklärer: »Es gibt vielleicht kein Land, das so selbständig und frei zu sein verdient als Deutschland, weil keins seine Freiheit so rein und einzig zu innerer, jedem wohltätiger Anstrengung zu benutzen geneigt ist. Der Deutsche hat unter allen Nationen am wenigsten eine zerstörende und am meisten eine immer in sich zurückwirkende Kraft, und wenn der Besitz der Freiheit gerettet ist, wird Deutschland sicher sehr bald in jeder Art der Bildung und Gesinnung hervorragen ... Die Liebe zu Deutschland ist daher auch wirklich eine andere, als die anderen Nationen für ihr Vaterland haben. Sie wird vielmehr durch etwas Unsichtbares zusammengehalten und ist viel freier von Bedürfnis und Gewohnheit. Sie ist nicht sowohl Anhänglichkeit an die Erdscholle, sie ist mehr Sehnsucht nach deutschem Geist und

Gefühl, die sich in allen Zonen empfinden und in alle verpflanzen lassen.«

Oder nehmen wir den großen Fichte, der seine philosophische Karriere als exaltierter Jakobiner und Bewunderer Frankreichs beginnt und sie als Apologet der »Deutschheit« beendet. Nachdem er in seinen »Reden an die deutsche Nation« seine Landsleute als das »Urvolk«, als »das Volk schlechtweg« dargestellt und sich verächtlich über alle mögliche »Ausländerei« geäußert hat, sagt er: »Euch ist das größere Geschick zuteil worden, überhaupt das Reich des Geistes und der Vernunft zu begründen, und die rohe körperliche Gewalt insgesamt, als Beherrschendes der Welt, zu vernichten. Werdet Ihr dies tun, dann seid ihr würdig der Abkunft von uns ... Ist in dem, was in diesen Reden dargelegt worden, Wahrheit, so seid unter allen neuren Völkern ihr es, in denen der Keim der menschlichen Vervollkommnung am entschiedensten liegt, und denen der Vorschritt in der Entwicklung derselben aufgetragen ist. Gehet ihr in dieser eurer Wesenheit zugrunde, so gehet mit euch zugleich alle Hoffnung des gesamten Menschengeschlechts auf Rettung aus der Tiefe seiner Übel zugrunde ... Es ist daher kein Ausweg: wenn ihr versinkt, so versinkt die ganze Menschheit mit, ohne Hoffnung einer einstigen Wiederherstellung.«

Wenn ich solche oder ähnliche hochtrabenden, maßlosen, infantilen Bekundungen über den deutschen Glanz und die deutsche Herrlichkeit lese oder höre, erhält die geschichtliche Entwicklung, die zu »Auschwitz« geführt hat, eine ›verkehrte‹ innere Logik.

In diesem Land der Entziehungs-, Abmagerungs- und Schönheitskuren hat bisher eine großangelegte Nationalentziehungskur gefehlt, die der deutschen Seele gut tun würde, schon aus ästhetischen Gründen.

Die Deutschen werden sich von ihrer Selbstherrlichkeitssucht kurieren an dem Tag, an dem die Politiker nicht mehr das Bedürfnis empfinden, bei jeder passenden oder unpassenden

Gelegenheit vor dem Parlament pathetisch zu bekunden, wie beliebt, wie respektiert, wie beneidet die Deutschen im Ausland sind, und wie gut, wie fantastisch die Bundesbürger es im Vergleich zu anderen Nationen haben. Ich, ein katholisch getaufter Spanier, zitiere hier gerne Luther: »Darum muß man sich in dem allem so in Demut halten, gleich als besäße man bisher noch gar nichts, und auf das nackte Erbarmen Gottes warten, der einen allgerecht und weise ansieht. Das tut Gott dann, wenn man selbst demütig ist und Gott nicht durch Selbstrechtfertigung und Selbsteinschätzung vorgreift, als sei man schon irgendwas.«

KANT, HEGEL UND DIE INNERLICHKEIT

Der Staatskult, der Obrigkeitsfetischismus, der in Deutschland immer gegenwärtig war, das ist Hegel, auch der Konformismus, die Kriecherei vor der Macht, die bei Hegel vornehm »Einsicht in die Notwendigkeit« hieß. Kant dagegen bedeutete eine Synthese des deutschen, englischen und französischen Geistes, verkörperte die wirkliche, europäische Aufklärung, das Weltbürgertum und den Kosmopolitismus – für Preußen begeisterte er sich nicht. Kant konnte natürlich nicht das letzte Wort bleiben, er hätte überwunden werden müssen, ergänzt und bereichert, aber er war das richtige Fundament, der geeignete Ausgangspunkt, nicht zuletzt wegen seines Humors.

Das deutsche Leben ist in höchstem Maße reglementiert, genormt, vereinheitlicht, und es sind nicht nur die Sachzwänge der Industriegesellschaft. Die Reglementierung des Alltags, die Dynamik der Standardisierung, die ich in der BRD immer festgestellt habe, ist, glaube ich, ursprünglicher Natur, hängt von der Neigung dieses Volkes ab, aus allem ein System zu machen, ein organisiertes Ganzes, eine gut funktionierende Maschine, sie liegt in der tiefsitzenden Bereitschaft, einen äußeren Zwangsapparat widerstandslos zu akzeptieren und, als Ausgleich, in der Innerlichkeit Zuflucht zu nehmen.

Die Reglementierung funktioniert fast reibungslos, aber der Preis, der für diesen Perfektionismus bezahlt werden muß, ist die Langeweile und die Monotonie. Die Deutschen trösten sich mit der Eintönigkeit und Uniformität ihres Lebens, indem sie diesem Zustand den Namen Ruhe, Gemütlichkeit oder Geborgenheit geben, indem sie also die Bewegungslosigkeit und Leere ihres persönlichen und gesellschaftlichen Daseins als eine Art ekstatisches Paradies sublimieren. Die Ereignislosigkeit oder der bloße Automatismus werden durch die Einbildungskraft zum höchsten Wert erhoben. Die Deutschen tragen ihre Innerlichkeit wie einen verborgenen Schatz, den ja niemand sehen soll, mit sich herum, sie bleiben gern auf Distanz.

Der Deutsche trennt Innerlichkeit und Geselligkeit streng voneinander, bringt beide selten zusammen, nur – es versteht sich – in Augenblicken der Aufregung, der Vertraulichkeit, der Liebe oder der Unbeherrschtheit. Es gehört zum guten deutschen Ton, aus Prinzip zurückhaltend zu sein, sich reserviert zu zeigen, keine Vertraulichkeiten zu erlauben. Ich habe mit der Zeit gelernt, mein mediterranes Mitteilungsbedürfnis zu bremsen, und von gelegentlichen Rückfällen abgesehen, bediene ich mich mittlerweile auch ihrer wortkargen Methode, um nicht zu riskieren, als aufdringlicher Scharlatan dazustehen – fast das Schlimmste, was einem in Deutschland passieren kann. Zugang zu Deutschen zu finden, ist immer ein schwieriges Unterfangen, aber ich glaube, daß es eher mit Schweigen zu erreichen ist als mit Worten. Die Sprache, die den Ursprung der menschlichen Zivilisation darstellt, wird hier eher als etwas potentiell Gefährliches betrachtet, und man schätzt deshalb mehr die Wortlosigkeit als die Beredsamkeit.

Thomas Mann hat mit beißender – fast sadistischer – Ironie

den südländischen Kommunikationsdrang in die Gestalt von Settembrini gelegt und als Kontrast mit nicht minderer Ironie die Wortkargheit der Deutschen in der Gestalt Castorps karikiert. Ich sehe in jedem Deutschen einen Hans Castorp, und ich habe immer Angst, daß man mich für einen Settembrini hält.

Das wahre deutsche Leben findet im Reich der Innerlichkeit statt, unter Ausschluß der Öffentlichkeit, fern der neugierigen und belästigenden Augen der Mitmenschen, höchstens in Begleitung der Familienangehörigen oder auch einer Katze, eines Hundes oder Wellensittichs. Da ist der Deutsche in seinem Element, da blüht sein Wesen; und die deutsche Philosophie, die deutsche Literatur, die deutsche Musik und Kunst, den deutschen Ernst verdanken wir diesem Rückzug in die Innerlichkeit. Der Innerlichkeitsfetischismus erklärt auch die Geduld oder die Gleichgültigkeit, mit der die Deutschen die politische Unfreiheit ertragen.

Gottfried Benn, selbst ein Verfechter der Tradition des Irrealen und der Ichbezogenheit, sprach etwas affektiert von den »dunklen tragischen Träumen« des Nordens als Kontrast zum »analytischen Instinkt« des anderen Europa. Daher die Tendenz zur Legendenbildung, zur Romantik und Mystik, selbst in der strengsten Philosophie. Ist es ein Zufall, daß Hegel der Philosoph der Deutschen geworden ist, daß sie letzten Endes ihn und nicht Kant als ihren Praeceptor gewählt haben?

»Die jungen Deutschen, die ich in Göttingen, Dresden, Königsberg usw. traf, waren durch angebliche philosophische Systeme erzogen, die nichts anderes sind als dunkle und schlecht geschriebene Dichtung«, stellte Stendhal fest. Sie leben weiter, diese jungen Deutschen, genauso wie die »dunkle Dichtung«, die hier als Philosophie größtenteils konsumiert wird, als hätten die Deutschen Angst, durch Klarheit als oberflächlich zu gelten. Es gibt eine deutsche Variante der Kabbalistik, sichtbar etwa bei Hamann, dem Magier des Nordens, der eine ganze Schar verwandter Seelen mehr oder weniger anzog, Herder in erster Linie, teilweise auch Goethe.

Wir stoßen hier wieder auf einen Dualismus: die seltsame, kontrastvolle Mischung des Wissenschaftlich-Exakten und des Schwärmerisch-Träumerischen. Leibniz z. B., der Erfinder und Mathematiker, ist gleichzeitig ein Produkt der Kabbala, der pythagoreisch-neuplatonischen Tradition, ein strenger, luzider Denker und ein Phantast, der unrealistischen, verschwommenen Träumen nachjagt, ein Mittelding zwischen Moderne und Archaischem, zwischen Rationalität und Religiosität. Liegt die Tragik dieser Nation nicht in dieser antipoden Veranlagung, an dieser unbefriedigenden Spannung? »Dichtung und Wahrheit« betitelte Goethe seine autobiographischen Erinnerungen, eine Bezeichnung, die überhaupt den deutschen Dualismus gut ausdrückt.

Ein Produkt dieser bipolaren Veranlagung, nur bis zum Grotesken gesteigert und entstellt, waren die Nationalsozialisten: während sie in maßlose Träumereien fielen und von großen Idealen sprachen, zählten sie wie kleine, schäbige Krämer die Kleidungsstücke der ermordeten Juden. Die Briefe Himmlers sind ein Beispiel dafür.

DIE FEINE ART DES RASSISMUS ODER: HERR-KNECHT-VERHÄLTNIS

Es gibt eine Art von Rassismus, die noch schlimmer ist als der offene Haß der Fanatiker, derjenigen, die am liebsten den Ausländer zusammenschlagen würden, weil er subtiler und perfider ist, und das ist die Arroganz derer, die den Fremden so sehr verachten, daß sie sich nicht einmal dazu herablassen, ihn zu hassen, ihn einfach nicht zur Kenntnis nehmen. Diese Variante des Rassismus gibt es überall dort, wo sich ethnische Minderheiten als Arbeitskräfte, politische Flüchtlinge und Immigranten aufhalten, und insofern ist er, wie der Rassismus überhaupt, kein spezifisches Phänomen der Bundesrepublik. Was ich hier darüber schreibe, ist zwar direkt bezogen auf die deutsche Realität, aber gilt auch für vergleichbare Industrie-Nationen Westeuropas.

Der feine, vornehme Rassist spürt kein Bedürfnis, Gewalt gegen den Ausländer anzuwenden, er lehnt diese plebeische, primitive Art des Rassenhasses ab und begegnet dem Fremden, wenn der Kontakt unvermeidlich ist, sogar mit äußerer Korrektheit. Sein Rassismus besteht einfach in kalter Verachtung, Distanz und Gleichgültigkeit. Es handelt sich nicht um eine bewußte Zurückweisung, um eine geplante Apartheid und Gettoisierung, sondern um eine prinzipielle Nichtanerkennung des Fremden als eines gleichberechtigten Menschen.

Im Grunde ist es eine neue Anwendung des berühmten Hegelschen Herr-Knecht-Verhältnisses. Die Fremdarbeiter, die Emigranten und Asylanten aller Art sind die neuen Knechte, die Einheimischen die neuen Herren, und das adäquate Verhältnis zwischen diesen und jenen ist nicht der blinde Haß des fanatisierten Pöbels, sondern die stille, aprioristische Verachtung und Nichtanerkennung. Die Herren nehmen die Ausländer nur als Funktion wahr, nicht als integrale Wesen. Diese vornehmen Rassisten sind sogar bereit, die von ihnen grundsätzlich verachteten Fremdarbeiter mit einem Mindestmaß an Rücksicht zu behandeln, weil sie eine Funktion erfüllen, die ihnen Vorteile bringt. Umfragen und Untersuchungen haben ergeben, daß in der BRD nur ein minimaler Prozentsatz der Einheimischen ständigen Kontakt mit den Ausländern hat. Die Zahlen sprechen für sich. Der Fremde wird verdinglicht, zur Ware degradiert, zum Produzenten und Konsumenten, er wird mit einem Stempel versehen, der zwar kein Judenstern ist, weil er unsichtbar bleibt, aber einen ähnlich diskriminierenden

Effekt hat. Denn so wie die Juden durch den Judenstern und die Rassengesetze zu stereotypen Unmenschen degradiert wurden, werden die Ausländer durch ihre Funktionalisierung abgestempelt. Solange sie nicht versuchen, aus ihrer vorbestimmten Rolle auszusteigen, werden sie von den feinen Rassisten nicht besonders schikaniert, ja es kann sogar sein, daß sie ab und zu noch ein paar freundliche Wörter für ihre disziplinierte Anpassungsfähigkeit erhalten. Das ist ein weiterer Ausdruck des Herr-Knecht-Verhältnisses.

Ausländer, die nicht in diesen Rahmen passen, die aufgrund ihres persönlichen Status oder ihrer besonderen Situation sich nicht in dieses Schema integrieren lassen, werden zum Ärgernis. Da die Deutschen unter den hier wohnenden Fremden immer Fremdarbeiter verstehen (von einigen Ausnahmen abgesehen), Kulis, die in die BRD gekommen sind, um ihr Brot zu verdienen, müssen sie sich bei der Vorstellung anstrengen, daß ein Schriftsteller in diesem Land aus Gründen lebt, die nicht das geringste mit Broterwerb zu tun haben. Sie sind enttäuscht, die vornehmen Rassisten, wenn sie erfahren, daß ich mich nicht in ihren Rahmen einspannen lasse und eine Ausnahme bleibe. Sie sind nicht nur enttäuscht, sie sind frustriert und irritiert, eben weil sie auf mich ihre Herr-Knecht-Vorstellung nicht anwenden können. Und wenn sie dann noch feststellen, daß ich ihre eigene Sprache ziemlich fließend spreche und mich mit ihnen über die deutsche Geschichte oder die deutsche Kultur unterhalten kann (ohne mich besonders zu blamieren), dann ist die Frustration noch schmerzhafter. Sie sagen mir dies natürlich nicht, sie grinsen vielleicht, oder beglückwünschen mich sogar, aber es gibt Vorgänge, die zu durchsichtig sind, um übersehen zu werden. In Frankreich hätte man vielleicht verstanden, daß sich ein Schriftsteller dort niederläßt, weil es immer ein Land für Exilierte, politische Flüchtlinge, Intellektuelle und Künstler war. So leben in Paris Arrabal, Juan Goytisolo, Jorge Semprún und andere. Deutschland war nie ein

Land, wo sich Exilierte heimisch fühlten, ein Land, dessen soziale und geistige Kämpfer oft selbst ins Ausland flüchten mußten.

Ich war in der Bundesrepublik immer der Mann meiner Frau, wurde nur durch sie gesehen, nicht als ich selbst, nur als eine Art Reflex oder ein kurioses Anhängsel von ihr, als der »Spanier« (oder Spaniak), den sie geheiratet hat, und damit war stillschweigend etwas »Exotisch-Verrücktes« gemeint, so wie man aus einer Laune heraus, aus Übersee ein seltsames kleines Tier mitbringt, um sich zu amüsieren, oder ein exotisches Kunstwerk, um es an die Wand zu hängen. Ich bewundere den Mut, mit dem meine Frau dies alles ertragen hat, diese Mischung aus Hochnäsigkeit und Engstirnigkeit. Sie nahmen sie nicht ernst, ihre Freunde und Bekannten, als sie sich einen Spanier zum Mann nahm. Aber wir haben den Rassismus, der hinter der Schadenfreude lag, die Ehe werde schon scheitern, nicht befriedigt. Und nicht nur unsere Ehe – die Mehrheit der gemischten Ehen, die in der Bundesrepublik geschlossen werden, hält besser als die sogenannten »normalen« Ehen zwischen Einheimischen.

Anfangs wurden wir eingeladen, man wollte das »Kuriosum« aus der Nähe betrachten, so, wie man kleine Affen im Zoo anschaut. Als aber die anfängliche Neugier befriedigt war und es keinen Anlaß mehr zum Grinsen gab – man hatte festgestellt, die Sache war ernst –, blieben die Einladungen aus, und es begann die stille Apartheid, die die feinen Rassisten gegen Fremde systematisch praktizieren. Diese Art des Rassismus entspricht auch der Mittelklassenstruktur der heutigen Verwaltungsgesellschaft; sie zeigt die zurückhaltende Kälte und Emotionslosigkeit der Angestellten und Beamten, die nicht primitiv genug sind, um sich aufzuregen und zu brüllen, aber eitel genug, um nicht auf das Gefühl der Überlegenheit verzichten zu können. Der Rassismus wird verinnerlicht, wird zum vornehmen Schweigen hochstilisiert und bearbeitet, in der kühlen, beherrschten Rationalität, die der Welt der middle-class eigen ist. Andererseits war es die Hospitalität und spontane Freundschaft vieler, die es mir ermöglicht hat, dieses Land als einen unzertrennlichen Teil meiner Identität zu betrachten.

Aber ich mache mir keine Illusionen: Ich werde immer, wie der Landvermesser von Kafkas »Schloß«, ein Fremder bleiben, nie von den Dorfbewohnern und den Schloßherren akzeptiert werden. Normalität ist unmöglich. Es wird immer ein Finger zeigen, der aus einer dunklen Ecke auf meine Fremdheit aufmerksam macht.

DEUTSCHES THEATER

Trübes, regnerisches Wetter, den ganzen Tag über Kopfweh. Morgens meinen Aufsatz über den Rassismus beendet. Nachmittags angefangen zu lesen »Die letzten Tage der Menschheit« von Karl Kraus. Trotz des Wiener Dialekts – man könnte fast sagen: der Dialektik – habe ich das Wesentliche verstanden; eine beißende Karikatur des Spießers jener Epoche, der aber heute weiterlebt, und nicht nur in Österreich. Dann habe ich einen österreichischen Dokumentarfilm über Wagner und Hitler gesehen, die Parallele zwischen beiden – biographisch und weltanschaulich – war sehr plastisch und zwingend dargestellt. Die Götterdämmerung Wagners wurde von Hitler in die historische Wirklichkeit umgesetzt, Musik und Kunst in Krieg und Tod verwandelt. Die bombastischen, hochtönenden Inszenierungen der Wagnerischen Opern dienten Hitler als Modell für die Kulissen der Parteitage und Massendemonstrationen. In beiden Fällen, auf der Bühne wie in der Wirklichkeit: Posaunen, Lärm, germanische Protzerei und Muskelkraft. Carl von Ossietzky hatte es schon prophezeit: »Zum zweiten Mal soll aus

Deutschland eine Wagner-Oper werden. Siegmund und Sieglinde, Wotan, Hunding, Alberich und der ganze Walkürenchor und die Rheintöchter dazu sind über Nacht hereingebrochen mit der Forderung, über Leben und Seelen zu herrschen.«

Diese Leistungsbeflissenheit, dieses tiefe Bedürfnis, den anderen zu imponieren und von ihnen Zustimmung und Applaus zu erwarten: ist das nicht unbewußtes Theater, das Verhältnis, das zwischen Schauspieler und Parkett besteht? Ist es zufällig, daß die Deutschen das Theater so ernst nehmen, statt es als Spaß und entspannende Unterhaltung zu genießen? Die deutsche andächtige Hingabe für die Bühne, spiegelt sie die Gleichstellung von Gespieltem und Erlebtem wider? Das würde aber bedeuten, daß der deutsche »Ernst« nicht die tiefste seelische Schicht dieses Volkes wäre, sondern nur die äußere Schale, ein darstellendes Bedürfnis.

Nachtrag

Mein Aufsatz über den Rassismus ist erschienen, jedoch mit einigen Streichungen, wie etwa dieser: »Die Dialektik des Rassismus kennt keine Grenzen, sie ist ein dämonisches Perpetuum mobile, das, einst in Gang gesetzt, zu den schlimmsten Formen der Gewalt und der Aggression führen kann, wie die Pogrome gegen Juden im Mittelalter oder die Gaskammern des III. Reiches beweisen.«

Warum haben die zuständigen Redakteure diesen zugleich mahnenden wie warnenden Satz gestrichen? Warum sollen die heutigen Deutschen nicht an die Verbrechen des nationalsozialistischen Rassismus erinnert werden?

DAS GANZE UND DIE TEILE ODER DON QUICHOTTE IN DER EMIGRATION

Man hat sich im Ausland oft über die Fügsamkeit und den Gehorsam der Deutschen gewundert und auch mokiert, ohne das instinktive Bedürfnis dieses Volkes zu berücksichtigen, sich eins mit dem Gemeinwesen zu fühlen. Ohne die Bindung an das Ganze fühlt sich der Deutsche elend und verloren, und wenn das Ganze nicht funktioniert, ist er ratlos und mißmutig. Sich außerhalb der Totalität sein eigenes Dasein aufzubauen, liegt ihm nicht, und noch viel weniger, sich offen gegen es zu stellen.

Der Deutsche durchschneidet oft nicht die Nabelschnur, die ihn mit der Gesellschaft verbindet, er bleibt auch als mündiger Bürger mit ihr organisch gekoppelt. Er hat überhaupt ein organisches Verhältnis zur Gesellschaft, und es ist kein Zufall, daß der Begriff »organisch« in den germanischen Gesellschafts- und Staatstheorien eine zentrale Rolle spielt, und zwar als Alternative zur klassischen Demokratie.

Wir finden diesen Grundgedanken schon bei Hegel, aber es waren vor allem die Romantiker, die die Gesellschaft als einen kollektiven Organismus betrachteten, der jeden Teil an das Ganze bindet und von diesem wiederum durchdrungen wird. Was Novalis, Adam Müller und andere Vertreter des restaurativen Katholizismus als ein theoretisches Novum verstanden, war freilich nichts anderes als der Versuch, das korporative Prinzip des Mittelalters mit einer neuen Terminologie wieder zur Geltung zu bringen.

Die Bundesrepublik ist keine organische Demokratie, das Gedankengut Adam Müllers und sonstiger Advokaten dieser Geistesrichtung ist als theoretischer Korpus vergessen; was heute in diesem Land gilt, ist im wesentlichen auch das atomistisch-individualistische Modell der angelsächsischen Demokratie, aber geblieben ist dennoch der Sinn der Deutschen für das Ganze, eine Haltung, die als subjektive Disposition weiterlebt. Mutig waren die Deutschen grundsätzlich als Teil des Gemeinwesens, als sie im Namen der allgemeinen Werte, Anweisungen oder Gesetze handelten, weniger aber, als es darum ging, als einzelne die richtigen Entscheidungen zu treffen, notfalls gegen die Zustimmung des gesellschaftlichen Organismus. Diese Angst, allein zu sein und zu handeln, ist die Achillesferse dieses Volkes gewesen. Demokratie lebt von Solidarität und Gemeinschaftsgefühl, aber auch von Verweigerung, von Widerstandsgeist, von Ablehnung, von einzelnen Protesten gegen das Ganze.

Don Quichotte ist für Spanien der große Antipode der Machtpolitik und der Machtanbetung. Er ist das erste anarchistische Symbol, ein einsamer Guerrillero, der Partei für die Schwachen gegen die Starken ergreift, eben weil er der Macht mißtraut und sie verachtet. Schon Karl V. mußte sich mit dem großen Aufstand der Comuneros von Kastilien auseinandersetzen, die ihre Rechte und Freiheiten gegen den kaiserlichen Staatsapparat verteidigten. Hätten die Rebellen gesiegt, hätte die Geschichte Spaniens und auch Europas eine andere Richtung genommen.

Spengler übersieht diesen rebellischen, anarchistischen, staatsfeindlichen Zug der spanischen Volksseele, er sieht nur den eisernen Willen, sich durchzusetzen: das soldatische Element. Ich erwähne Spengler nicht zufällig. Er ist einer der Verfechter der Macht als eines idealen Rezepts für Deutschland. Alles, was nicht Krieg und Diktatur ist, bedeutet für ihn Dekadenz, Schwäche. Seine Ideale waren nicht Christus, Sokrates, Rousseau oder Marx, sondern Cäsar, Napoleon, Mussolini, Primo de Rivera. Er fühlte sich von Uniformen, Militärparaden, Hymnen, Muskeln, Sport, Disziplin, Ordnung, Ehre magisch angezogen, von allen Gemeinplätzen des Soldatischen und Martialischen. »Parlamentarismus in Deutschland ist Unsinn oder Verrat.« (»Politische Schriften«)

Er bekennt sich – horribile dictu – zum Haß, preist die Fähigkeit zum Hassen und sieht die Zukunft Deutschlands in der Bereitschaft zum Hassen. Miguel de Unamuno, neben Ortega y Gasset der größte spanische Philosoph des 20. Jahrhunderts, gab seinen Landsleuten den Rat, Europa zu hispanisieren, den Geist des von ihm glühend verehrten Don Quichotte jenseits der Pyrenäen zu verpflanzen und durchzusetzen. Ich habe versucht, diesen Rat zu befolgen. Ich bildete mir ein, man könnte wirklich auch hier im germanischen Norden für die Ideale der Ritter mit der traurigen Gestalt kämpfen. Es war eine kindliche Illusion, eine »fata morgana«, ein weltfremder Traum. Ich habe mir vergebens die Hörner abgestoßen, die Windmühlen sind geblieben, mein Arm wird immer schwächer.

Don Quichotte in der Emigration: Gibt es etwas Lächerlicheres und noch dazu in einem hochtechnisierten, massiven und selbstbewußten Land wie der Bundesrepublik? Nicht Menschen sind hier gefragt, sondern Strukturen, nicht einsame Heldentaten und poetische Ideale, sondern Anpassung, Nüchternheit, Sachlichkeit, gerade die Eigenschaften, die Don Quichotte und seinen Nachfolgern immer gefehlt haben und noch fehlen.

Lieber, großer, armer Unamuno: Dein Vorhaben, im Zeitalter der Maschinen und des Profitdenkens den Donquichottismus wieder lebendig zu machen und nach Europa auszudehnen, war eine verrückte Idee, ein Phantasieprodukt deiner übersteigerten Liebe zu Spanien und deiner Einsamkeit. Dieser Erdteil ist wenig empfänglich für den leidenschaftlichen und selbstlosen Geist Don Quichottes, hier herrscht uneingeschränkt die »Ideologie des Kalküls«, hier gibt es zu wenig Gefühl und Begeisterungsfähigkeit, um sich von einem großen Ideal mitreißen zu lassen.

Als Arbeitskraft für ihre Fabriken wollen sie uns gerade noch, die Nordeuropäer, nicht aber als Edelritter und Weltverbesserer. Die gute alte Rocinante ist nichts für die modernen

Autobahnen Westeuropas, die flammenden Reden Don Quichottes sind nichts für das Zeitalter der Massenmedien und der Werbung.

Was kann ein armer Iberer hier erreichen in dem mächtigen Deutschland mit seiner kleinen Lanze und seiner feurigen Vehemenz? Nicht das geringste. Natürlich habe ich versucht, etwas von dem Geist unseres Don Quichotte hier durchzusetzen, aber die Bilanz meines Kampfes fällt sehr bescheiden aus. Siege habe ich kaum errungen, Prügel und Enttäuschungen waren die Regel.

Ich hatte die deutsche Stärke unterschätzt, ich kenne sie mittlerweile sehr gut. Es ist eine tiefbegründete Stärke, weil ihre Wurzeln in dem ruhigen, unbeweglichen, schwerfälligen Gemüt des teutonischen Menschen liegen, Menschen, die sich nicht leicht von dem einmal gewählten Weg abbringen lassen. Gegen diese gepanzerte Dickköpfigkeit, gegen diese massiv auftretende Robustheit kann unser feuriger Individualismus kaum etwas erreichen.

Während wir Südländer uns ständig aufregen und nervös hin- und herlaufen, behalten die Deutschen ihren kühlen Kopf, verlieren nicht gleich die Fassung, lassen sich nicht von unmittelbaren Emotionen beherrschen. Sie haben bessere Nerven als wir, Nerven wie Drahtseile, wie hier der Volksmund sagt, ein Charakterzug, der schon dem Russen Belinski auffiel und den er mit dem unmäßigen Verbrauch an Bier erklärte: »Ihnen fließt kein Blut in den Adern, sondern der dicke Bodensatz des scheußlichen Getränks, das unter dem Namen Bier bekannt ist, und das sie ohne jedes Maß verschlingen und verdudeln.« Ja, die Deutschen sind nicht leicht zu erschüttern, wie einer von ihnen – nämlich Heinrich Böll – schon vor vielen Jahren feststellte: »Schrecklich ist es, daß es Anlässe genug gibt, über dieses Land und in ihm zornig zu werden, aber an wen den Zorn adressieren? Sie schlucken alles; man könnte ihnen auf dem Fernsehschirm, vielleicht bei der Reportage über einen Verkehrsunfall, zeigen, wie ihr eigener Nachbar stirbt; sie würden stutzen, möglicherweise noch sagen ›Den kenn' ich aber doch?‹ und schon auf das nächste Bild warten.«

Sie sind Langstreckenläufer, diese Germanen, ihr Rhythmus ist langsam, aber dafür beständig und ausdauernd.

Deutschland hat mir die Grenze der spanischen Leidenschaft gezeigt. Die in meinem Herzen lebende Don-Quichotterie, die Neigung, die Welt auf eigene Faust verändern zu wollen, erwies sich als ein potemkinsches Dorf, meine arme Lanze als eine stumpfe, unbrauchbare, wirkungslose Waffe. Der subjektive Voluntarismus, der agitatorische Diskurs, der sich im Süden ab und zu noch durchsetzen und die Leute mitreißen kann, läßt die Deutschen kalt. Für Grandezza, Stolz und schöne Gesten hat dieses Land wenig übrig. Was hier zählt, ist Tüchtigkeit, kollektive Disziplin und Organisationstalent. Aus der Reihe zu tanzen und sich allein gegen alle zu stellen, ist zwecklos.

In Spanien, und vor allem in Madrid hätte ich sicher ein bewegteres, angenehmeres, leichteres Leben geführt, aber mein inneres wäre ärmer gewesen, denn Spanien ist kein geeignetes Land, um sich still der Suche der Wahrheit zu widmen. Es gibt da zu viel Sonne, zu viel Verlockendes, zu viele Einladungen und Amigos, zu viel Gerede, zu viel Lärm und Rhetorik. Man wird ein Gefangener der Geselligkeit und des leichten Umgangs, man kann sich schwer dem Ritual des ständigen Zusammenseins mit anderen entziehen. Am Ende ist es oberflächlich, unbefriedigend, unvollständig, einseitig, frustrierend, weil die Möglichkeit der Selbstbesinnung fehlt, weil alles improvisiert ist und durcheinander geht, ohne Logik und innere Begründung, als wäre das Leben nur da, um sich gehen zu lassen, ohne Sinn für den eigenen geistigen Ort, den die Heilige Theresa, unsere große Mystikerin, die »morada interior« nannte, den »inneren Aufenthaltsraum«. Oder wie der erblindete Faust sagt: »Allein im Innern leuchtet helles Licht«.

Ich habe weder kapituliert noch resigniert. Auch von seinem Pferde gestürzt und von seinen Feinden tausendmal lächerlich gemacht, verzichtet Don Quichotte nicht auf seine Träume und bekennt sich zu seinen Idealen. Nach jeder Niederlage steht er wieder auf, besteigt noch einmal seine treue Rocinante, denkt an die schöne Dame seines Herzens und setzt seine Kreuzfahrt der Gerechtigkeit fort, stolz, selbstbewußt und hoffnungslos verrückt.

NACHWORT VON MARíA CANO-CAUNEDO

Ein Nachwort zu schreiben für den Text eines zeitgenössischen Autors, der Ausländer ist und in Deutschland lebt, ist schon delikat. Handelt die Arbeit dazu noch von Deutschland und den Deutschen, multipliziert sich das Risiko. Immer hatte ich den Eindruck, daß ein Land wie eine Familie ist. Unter ihren Mitgliedern ist es erwünscht, sich alles zu sagen. Ist der »Sagende« aber ein Außenstehender, gelten andere Regeln.

Ich glaube, der Autor hat das verstanden und in die Praxis umgesetzt. Das Buch wurde direkt in deutscher Sprache geschrieben, eine Geste der Werbung: »... um von den Deutschen akzeptiert zu werden, muß man zuerst beweisen, daß man würdig ist, unter ihnen zu leben. Potentiell ist man immer verdächtig, minderwertig zu sein ...«.

In verschiedener Hinsicht besteht eine Gleichheit: Wir sind Weiße. Also sind wir eine Rasse. Zwei Völker. Philologische Einheit (indogermanische Sprache) und im weitesten Sinne ethnographische Einheit (weiße Rasse). »... gibt es nicht eine gewisse Parallele zwischen der spanischen Inquisition und den Gaskammern von Auschwitz? Beide wurden überdies gegen dasselbe Volk gerichtet: gegen die Juden.« Dieser Text aber spricht von den Verschiedenheiten. (Das Gleiche gibt weniger Anlaß zur Reflexion.) Jedoch sie ist seltsam, die Verschiedenheit. Heleno Saña erkennt im Verlauf seiner Überlegungen eine lange Reihe von Ereignissen an, die durch ihre Evidenz bestehen. Er beschreibt, zeigt, weist hin; aber immer bleibt die Beziehung zur Realität erhalten. Der Text erzählt Augenscheinliches, Evidentes. Darin besteht sein Reichtum. Er spricht. Ich will die Evidenz auf ihr Recht hin befragen und die zugrundeliegenden Motivationen andeuten.

Deutsche und Spanier reagieren in elementaren und vitalen Fragen diametral entgegengesetzt: in der Sexualität, oder in der Art, wie sie sich gegenüber dem Transzendenten, dem Tod, sich selbst, der Familie, der Arbeit, der Freizeit, der Liebe, dem Geld verhalten. Wir sind, was wir sind, aber warum? Wo die Gründe suchen? Vielleicht da, wo das Subjekt strukturiert wird? Wir sind Wort. Das wird denen nicht fremd sein, die Fremdsprachen sprechen und das Vakuum in der anderen Sprache kennen: jene Leerstellen für die von der Muttersprache gebildeten Emotionen. Wir sind, was wir sagen können. Aber es gibt Felder, die uns unbekannt sind, die die Sprache uns verschlossen hat.

Das gesprochene Wort arbeitet wie ein Trampolin, es gibt die Ideen und die dazugehörigen Affekte wider. Ich übermittle durch das Wort die allgemeine gesellschaftliche sowie meine affektbeladene und »moralische« Form, die Welt zu sehen. Es ist ein Spiel von Subtilitäten, wo alles in unbewußter Form geschieht und man mit dem Ergebnis konfrontiert wird, also mit sich selbst, mit einem Körper, der Zeichen, ja Buchstabe ist. Ich verwandle mich in ein symbolisches Subjekt in dem Maße, in dem ich mich moralisiere: das heißt, die Existenz des Guten und des Bösen akzeptiere. Der neutrale Artikel im Deutschen verdeutlicht dies, z. B. *das* Kind. Wird darin nicht eine Art von Neutralität ausgedrückt, eine Neutralität als Vorläufer der Symbolisierung, der Unfähigkeit des Kindes, zu unterscheiden? Ein unbewußter Prozeß, der mich zum sozialen Subjekt macht und mir eine Moral gibt. Vielleicht sind es diese Bereiche, in denen die Inhalte mit den Emotionen vermischt sind und ich mich Konzepten wie denen der »Nation« nähern kann:

» – Was heißt es, Kolumbianer zu sein?«, fragt die Ulrica bei J. L. Borges.

» – Ich weiß nicht – antwortete ich. Es ist ein Glaubensakt.«

» – Es ist so wie Norwegerin zu sein – stimmte sie zu.« (J. L. Borges, »Ulrica – El libro de Arena«)

Deutschland: die Wiege der Reformation und, wie Octavio Paz sagt, »die religiöse Revolution der Reformation nahm die politische Revolution der Demokratie voraus«. (»El Ogro Filantrópico«) Spanien: die Wiege der Gegenreformation. Im Jahr 1500 behindern die kirchlichen Strukturen jede mögliche Bewegung in der gesamten abendländischen Welt. Es ist Luther, der das himmlische Königreich in Frage stellt, seine Vertreter auf Erden kritisiert und disqualifiziert. Es wird vorstellbar, daß ein Volk, das einem Mann wie Luther folgt, daß ein solches Volk auch in der Lage ist, einem Hitler in einen Krieg gegen das christliche Erbarmen zu folgen – »das Erbarmen ist für den überlegenen Menschen die letzte Sünde Zarathustras«. (J. L. Borges, »Deutsches Requiem«)

Deutschland wählt die Kritik als Form. Spanien wählt die Religion zur Verteidigung. (Religion des Weltuntergangs) Hier gibt es zwei konkret eingegrenzte Formen im Umgang mit der Wirklichkeit. In dem Maße, wie ein Deutscher sich mit etwas *auseinandersetzt*, *verteidigt* sich ein Spanier. Daraus ergeben sich zwei Typologien, zwei Völker, zwei Arten zu leben, zu fühlen, zu sterben. Auf der einen Seite der Fortschritt, die Zukunft. Auf der anderen die Vergangenheit, der Stillstand. Ein Spanier würde sich nie fragen, ob er zuerst ankommt, sondern sein Geheimnis begründet sich im Gegenteil darin, möglichst da zu bleiben, wo er ist. Und hier stimme ich auch mit dem Autor überein, daß die Entdeckung Amerikas so etwas wie eine Fehlleistung war. »Die Entdeckung Amerikas durch die Spanier war ein Zufall, kein innerer Drang nach Ferne und Exotik, unsere kontinentalen Kriege in Europa waren ein dynastischer Zwischenfall.«

Luther macht aus jedem einzelnen seines Volkes einen Gott, jeder einzelne sollte der Beste sein, in allem was er macht. Der einzelne ist für sich selbst auf der Erde verantwortlich. Jemand, der nicht die Verzeihung (die Absolution) als Möglichkeit hat, muß sich vor der Sünde in Acht nehmen. »Das

Rezept ist übrigens sehr einfach: Mund halten, wenig oder nur ganz leise schimpfen, Ruhe bewahren, sich nicht von Empörung oder Zornausbrüchen hinreißen lassen, sachlich bleiben, tun, was die Mehrheit auch tut, nicht auffallen.« Was ist das, wenn nicht das Verhalten von jemandem, der die ewige Verdammung fürchtet, der allem gegenüber verantwortlich sein muß?

Die leitende Figur ist die eines unheimlichen Vaters, der seine Kinder an die Grenze der Finsternis stellt. Der Taugenichts – ein utopisches Wesen. Die Reformation brachte die Größe, und zur gleichen Zeit verdammte sie dieses Volk zu jener Einsamkeit, zu der die Götter verdammt sind. Zum Gefordertsein. Sie brauchen den anderen nicht, wurden schon ohne Mutter geboren. Ist es nicht bezeichnend, daß der Deutsche von »Vaterland« spricht, der Spanier von »Madre Patria« (Mutterland)? Sie waren niemals Kinder. »Die deutschen Kinder erwecken zuerst den Eindruck, kleine Erwachsene zu sein. Es ist erstaunlich, mit welch selbstverständlicher Disziplin und welchem Verantwortungssinn sie ihre Pflichten erfüllen.«

Wir waren und sind die Vergangenheit. *Simples como la tierra y el amor.* Dickköpfe, Aufschneider, Banale. Als Katholiken besitzen wir auf der Erde einen fast allmächtigen Vater, der bereit ist, uns zu verzeihen. Beichte und Absolution. Er gewährt uns die Verzeihung und verdammt uns dazu, immer die Kinder zu bleiben, die Fehler begehen, um Verzeihung erlangen zu können. Aufsässige Kinder eines despotischen Vaters. Weder Kritik noch Fortschritt. Unsere Bestimmung: die Sünde. Die Transgression. Die Illegalität – »Es ist ein hoffnungsloses Anliegen, welches sie bewegt, ein Kampf, der immer mit Enttäuschung enden muß: Wir werden immer rückfällig, wir Nicht-Germanen, wir fallen immer wieder in unsere Disziplinlosigkeit und Anarchie zurück.«

Der Deutsche entspricht einem erwachsenen Neurotiker, so wie der Spanier einem perversen Kind. Ein Neurotiker ist ein überfordertes Wesen, ist derjenige, der die Triebe mit der Vernunft einmauert. Die Symptome sind somatisch, weniger symbolisch. Es gibt keine Verschiebung. Es gibt keine Metapher. Der Spanier ist im Gegensatz dazu pervers, die Perversion an eine Norm bindend. Wie die Regression an eine vorangegangene Situation. Das Ziel ist kindlicher »Lustgewinn«, Verneinung der Kastration. Im Perversen funktioniert die Repression nicht. Diese Unmöglichkeit, erwachsen zu sein, macht aus uns ein revoltierendes Volk, nervend, immer brauchen wir Gesellschaft – »amigos«, die uns wie eine Mutter beruhigen. Wir sind Kinder, und es gefällt uns zu spielen und immer bei Mama zu sein. Ohne Repression gibt es keine Arbeit, nur reinen Genuß, und so ist dies auch eine Strafe. Eine Strafe in dem Sinn, daß dieser kindliche Genuß uns wie eine Zange gefangenhält und uns nicht produktiv sein läßt, er lehrt uns nicht das Alleinsein. Immer werden wir Verzeihung finden, warum sich also Sorgen machen. »Beruht das Drama Spaniens nicht auf unserer Unfähigkeit, die Dinge auf Distanz zu sehen, gelassen zu sein um zu handeln. Unser Herz schlägt immer zu wild, unser Kopf war immer zu heiß.« Jedes dieser beiden Völker ist das Bild dessen, was das andere nicht ist.

Ich begrüße es, daß diese Texte publiziert werden, in denen die Ethnologie über das rein Literarische, das rein Formale dominiert. Dieser Text ist Ausgangsstoff, um damit anzufangen, dies zu überdenken. Ich würde sagen, der Text ist wie eine psychoanalytische Sitzung, in der der Therapeut das Wort noch nicht ergriffen hat.

María Cano-Caunedo wurde in Spanien geboren, lebte in Buenos Aires und ist seit 1980 in Frankfurt. Sie ist Psychoanalytikerin.

DIESER BEHUTSAME, BEINAHE ZÄRTLICHE ZORN. NOCH EIN NACHWORT

VON ULRICH SONNEMANN

Zunächst merkt man ihn überhaupt nicht, den Zorn; dafür ist er zu unaufdringlich. Auch wird der Frage, die sich Heleno Saña als Titel seiner Rechenschaft auserkor und die in der Tat für sie die zentrale ist, gleich zu Anfang, ja auf ihrer ersten Seite, so unverblümt schon die Antwort zuteil, daß für Affekte kaum Raum bliebe: wenn das Bedrängende, über alle Auskunft hinaus Ruhelose, das der Frage innewohnt, in dieser Erledigung aufginge.

Eben das tut es nicht. Da an ihr, die zweierlei Deutschland verzeichnet, ein liebenswürdiges, ein in hohem Grad hassenswertes, nichts Neues ist, gibt sie nicht nur Neuheit nicht vor, sie genügt sich auch selbst nicht, ihr Antwortsein hat das Provisorische, selbst erst zu Klärende, ohne das der Text nicht in Gang käme. Als Evidenz prima facie: vordergründige, fast schon zu geläufige Selbstverständlichkeit, ist sie nur der Ausgangspunkt für Betrachtungen, die, je tiefer sie dringen, um so dichter, wenn das auch implizit bleibt, dem eben keineswegs Selbstverständlichen auf der Spur sind, das in solcher Zweiteilung steckt. Wie hängen – was sie doch jedenfalls tun – die beiden Deutschland zusammen, scheint jene Eingeschliffenheit ihrer Unterscheidung nicht einen Anspruch, eben dies geklärt zu haben, vorauszusetzen, während sie im Gegenteil nur verdeckt, daß von solcher Klärung keine Rede sein kann? Ist wenigstens die Frage, auf die sie die Antwort zu sein hätte, überhaupt schon, geschweige so unverhüllt ins Bewußtsein des Landes, das sie objektiv aufwirft, gedrungen, wie ihrer Herausforderung anstünde? Müßte es nicht gerade das »andere« Deutschland sein, dem sie dämmerte, das ihrer Rätselhaftigkeit nachforschte, wie ja jene Zweiteilung selbst stets nur seine war, während sein Kontrahent für sie blind blieb – ist aber sie selber, diese konstante Zerrissenheit, nicht als Mißstand, perennisches Praxisproblem, stets so jenseits des deutschen Bewußtseinshorizonts überhaupt geblieben, daß just dies erst das Rätsel komplett macht, dessen Auflösung nottäte? Anders gefragt, ist nicht auch das »bessere« Deutschland viel zu harthörig, bis heute, gegen den schwer überhörbaren Auftrag geblieben, den eine unheilstarrende Landesgeschichte gerade seinem Vorsprung an Erkenntnisfähigkeit zubestimmt, mit einem so zureichenden Maß an Selbstargwohn dem Verhängnis auf die Sprünge zu kommen, das als verteiltes Rollenspiel unbewußter Gemeinsamkeiten es mit seinem abstoßenden Kontrahenten verbinden muß, daß ihm die Möglichkeiten einer angemessenen Praxis endlich erkennbar würden, die dem Unheil ein Ende setzte? Und könnte es dann nicht sein, daß in solcher hartnäckigen Bewußtlosigkeit, indem sie gerade im geschichtlich Entscheidenden so für beide Deutschland gilt, beide in ihrem Bann hält (unbeschadet aller Differenz ihrer *Bewußtheiten*, wie tief immer sie reichen mag), auch auf die erste dieser Fragen – nach jenem chronisch verdeckten Zusammenhang, der zwischen ihren Identitäten bestehen muß – schon die Antwort bereit liegt?

Das sind nicht Fragen Sañas. Sie haben sich nur, je mehr seine Betrachtungen mich in Bann schlugen, ihre Erkenntnislust weiterdrängte, sich in unabsehbarer Eigenbewegung ihr *geschichtskritischer* Keim zu entfalten begann, so zwanglos zwingend von selber gestellt, daß in meiner Leseerfahrung das nicht weniger Feste, Innige sie mit dem Buch nun verklammert hält, seine theoretische Konsequenz zu sein. Es gibt Kapitel darin – wie »Vergangenheitsbewältigung« –, an denen dieses Verhältnis aufs denkbar direkteste greifbar wird, da jene unbewußten Gemeinsamkeiten und das geschichtliche Versagen des humaneren Gesellschaftsteils, das ihr Index ist, nicht nur in einem

Böll-Zitat und seiner Kommentierung – ebenso ahnungsvoll wie selbstschonungslos – dort zur Sprache kommen, sondern als konstante Gegebenheiten des bundesdeutschen psychischen Hintergrunds auch schon selbst zur Erklärung jener Abscheulichkeiten mitgedacht werden müssen, die seit Globke und Kiesinger, SPD-toleriert, sich vor ihm entfalten konnten, in Kohls schandbarer Bitburger Veranstaltung, die die SS-Ermordeten verhöhnte, gegipfelt haben – und es gibt andere Kapitel, deren nicht minder luzide Wahrnehmungen erst auf einen Hintergrund hin, den ihre Unmittelbarkeit dem erkennenden Blick versperrt, reflektiert werden möchten, soll die Konstellation, in der sie einen Part besetzen, in ihrer unverkürzten Wahrheit zum Vorschein kommen. Das gilt für eine vermeintliche deutsche Ordnungsliebe, der Saña zwei der phänomenologisch sogar am besten gelungenen Kapitel des Buches (»Methode« und »Fetisch Organisation«) widmet, und es gilt für einen Nationalismus zu kurz Gekommener, der in rassischer Selbstherrlichkeit und borniertem Fremdenhaß kulminiert. Was anders wäre die erstgenannte Passion als Ausdruck und versuchte Kompensation jenes fundamentalen *Defizits* an spontan verständiger Ordnung – des Geistes, der Vernunft, des Gemeinwesens –, das sich belegbar durch die ganze deutsche Geschichte zieht, man werfe nur einen Blick auf die Atomisierung, das zerklüftete Durcheinander der einschlägigen historischen Landkarten, welches Defizit wir ja auch gerade betrachten durften, da das Buch selbst es sehr reichlich (und doch nicht bloß in »Vergangenheitsbewältigung«) registriert.

Und gilt Entsprechendes nicht für einen Nationalismus, der so erweislich wie der spätgekommene deutsche nur einen chronischen Mangel an innerer Sicherheit, selbstbewußter Identität überdröhnt, den Begriff der Nation dabei selbst pervertiert und von seinen Anfängen im neunzehnten Jahrhundert an nur die absurdeste Reduktion und Schädigung seines eigenen Landes vollbracht hat? Nur zum Schein sprang bei beiden

Bedürftigkeiten, die selber im Grunde schon eine waren: der des auseinanderstrebend wuchernden Chaos und der der Unsicherheit des Identitätsbewußtseins entstammenden, in der Tat dann der *preußische Stiefel* ein, dessen drastischer Ausgleich für beide Mängel doch nur vollends sie schließlich ans Licht brachte, ja im Ergebnis verschlimmerte: was mit Preußen »an sich«, seinen Stammlanden, wo in der Tat ja, wie auch Saña hervorhebt, sehr bedeutende Träger des deutschen Geisteslebens und seiner Mühen um die Ausbreitung von Kultur ihre Herkunft hatten, sehr viel weniger als mit dem Relationalen der preußischen Rolle in Deutschland zu tun hatte. Aber was – außer einer kritischen Nachzeichnung der zerfahrenen, seit jeher politisch bewußtlosen, da ohne eine Öffentlichkeit, die Mitte und Kontinuität schüfe, immer nur dahintaumelnden deutschen Geschichtsbewegung im ganzen und im wiederum Relationalen ihrer wechselnden Position in Europa – könnte diese krausen Verhältnisse transparenter machen als Sañas Buch das schon schafft?

Nichts; und so ist es nicht nur Zeit, zu erinnern, daß nicht die deutsche Geschichte (und Psychohistorie), vielmehr die gegenwärtige bundesdeutsche Erfahrbarkeit im Sensorium eines perzeptiven Spaniers sein Thema ist, sondern mit Nachdruck und Dankbarkeit, daß die meisten Ansätze zu einem Ausbau dieser Beobachtungen, essayistischen Funde, schon in ihnen selbst und den Kommentaren ihren Auftritt haben, die sie gelegentlich auf den Weg bringen; wie denn etwa die erkenntnisträchtige Camus-Zitierung (S. 28), im Kapitel »Methode«, schon diskret die thematisierte Ordnungsliebe auf den hintergründigen Mangel selbst zurückbezieht, der ihre konstante Bedingung ist. Wie produktiv die Distanz sein kann, aus der dieser Autor die deutschen Verhältnisse zu betrachten den Vorteil hat, zeigt es sich nicht am erstaunlichsten, wo er ganz beiläufig auch schon das Grundprinzip der deutschen Geschichte errät, wenn sie auch sein Thema nicht ist? Was er (auf S. 51) als *zentrifugale Kraft der Kleinstaaten* wahrnimmt, kann stellvertretend für Zentrifugalität überhaupt, eine Axiomatik des beständigen Spaltens und Abspaltens stehen, ohne die das Auseinanderdriftende und -gerissene, das für alle Prozeßphasen des deutschen Charakters bestimmend blieb, weder gesellschafts- noch psychohistorisch, geschweige »politologisch«, verständlich würde.

Paradox verweist die einzige Differenz, die ich zu Urteilen Sañas wirklich anzumelden hätte, gerade auf diesen Zusammenhang. Sie betrifft unsere klassische Philosophie, aber weder Fichte noch Hegel – auch daß Schelling, wie es einer immer noch viel zu üblichen Konvention entspricht, nur als Dritter in diesem Verband (aber eben ohne weitere Ausführungen) figuriert, ruft zwar einen Vorbehalt in mir wach, aber eben einen lediglich punktuellen – sondern Sañas rückhaltlose Wertschätzung *Kants*, die an diesem nur der humanen und kritischen, aufklärerischen Seite gewahr ist, nicht der die Aufklärung *retardierenden*. Das ist ein sehr weites Feld, kein im gegenwärtigen Zusammenhang zu durchwanderndes, aber in ihm – das macht ein Memento, das es wenigstens absteckt, hier unumgänglich – liegt ungesehen von Saña der Schlüssel zum moralischen Recht seines eigenen Zorns über die Zornenthaltung der Deutschen. Wie, sie hätten sich Kant (S. 97) *nicht* zu ihrem Präzeptor erwählt? Aber nicht nur läßt ohne ihn weder Fichte noch Hegel sich denken, noch die Verpreußung von Hanno Buddenbrooks Lübecker Gymnasium, die Thomas Mann mit ironischer Kryptik auf »unsern Staatsphilosophen Kant« sich berufen läßt, nein, auch Eichmann berief sich auf ihn, nannte ihn den Lehrmeister seines Pflichtbegriffs, und wenn Kant diese Art Adepten auch weder zu verantworten hat noch gebilligt hätte, wird es doch Zeit, sich darüber Rechenschaft zu geben, inwiefern seine Lehre einem Typus Vorschub leistete, der nicht mit Sicherheit seither ausstarb.

Was ihn mit diesem – noch so scheinbar fernher – verbindet, ist justament jenes Zentrifugalprinzip, Spaltprinzip: hier als Entpersönlichung des Gewissens. Die Spezifizierung ist angezeigt, durchwaltet das Prinzip doch *überall* diese majestätische Lehre, die das transzendentale Ich vom empirischen, die Sache der Aufklärung von der der politischen Macht, den zu freier Kritik berechtigten Staatsdiener von ihm selber als Gehorsam schuldendem Untertan (was die Montesquieuschen Kategorien ins Gegenteil ihres Sinns verkehrt) abspaltet, eine Sphäre öffentlicher Bildung also von der Entscheidungsinstanz der Geschichte, dem Staat; wie auch die Bestimmungen der reflektierenden Urteilskraft von jedem Zutritt zu den Geschäften der Wissenschaft und eine zu Anschaulichkeit, also vorgestellter Räumlichkeit, schon geronnene Zeit von der ungeronnenen, genuinen. Schwer abgrenzbar ist die Schar dieser Auseinanderreißungen, unmittelbar einschneidend hier die, die in der kantischen Morallehre Neigung und Pflicht, also Gefühl und Gewissen zertrennt: Effektiv kann danach das letztere von jeder staatsverordneten sogenannten Wertordnung okkupiert werden, wobei das Urteil selbst schon in einen sogenannt sachlichen Abschnitt und einen ihm nachgeordneten und von ihm als trennbar vermeinten – sogenannt wertenden – prozedural auseinanderfällt.

Damit kann man dann *alles hinnehmen*: Mit der Spontaneität des personalen Gewissensentscheids, wenn auch nach der Absicht der imperativischen Kategorik gerade auf sie (als könnte sie einen Zwang ertragen) sich die obstinate Betonung dieser *Objektivierung des Sollens* beruft, ist es aus. Was die Auseinanderspaltung verdrängt, in die Rumpelkammer einer leeren Innerlichkeit abschiebt, gibt sich dem Bewußtsein als Sachlichkeit, Objektivität, was an Rest bleibt, heißt *normativ*. Ist es gar so erstaunlich, daß in einer Gesellschaft, die dieses Spaltprinzip selbst verinnerlichte, offenbares Unrecht, völlig gleich, ob es sich um eigenes oder um erlittenes handelt, nie befreiende, kathartische, Integrität re-etablierende Folgen hatte, solche auch heute nicht zeitigt? Wo noch der rechtlichste Zorn, wie immer man ihn natürlich *nachfühlen* zu können beteuern mag, eo ipso für *unsachlich*, da »subjektiv« gilt, hat die Gerechtigkeit einen schweren Stand. Die institutionell sanktionierten Begrifflichkeiten, denen sie sich in der Bundesrepublik gegenübersieht, haben inzwischen etwas so Leeres, dem jede Spur eines souveränen Gedankens abhanden kam, daß sie selten auf die Idee verfällt, sie auf die unfraglich anspruchsvolleren, ebenso fraglos aber defizienten zurückzuleiten, von denen sie die Verfallsform sind.

Das allerletzte, was der Gerechtigkeit in dieser häufig trostlos erscheinenden Lage zu raten ist, wäre Anpassung an deutsche Verpönungen ihres eigenen, integral zu ihr gehörigen *Zorns*; und in diesem Punkt bin ich zumindest, was den Sañas betrifft, guten Mutes, wie immer milde, trauervoll gedämpft, beinahe zärtlich, er mit unserem Lande verfahren mag, wo er an jene Schnödigkeit deutscher Behandlung zugezogener *Ausländer* gerät, die sein eigener *abweichender* Fall in Verwirrung stürzt, flammt der Zorn in einem himmlischen Feuer auf, wie es diese Gesellschaft *benötigt*.

Aber benötigte sie nicht auch, ohne deshalb bereit zu sein, sie als Menschen überhaupt wahrzunehmen, die *Fremdarbeiter*? Die Antwort, die *Don Quichotte* heißt – nicht umsonst tritt in dessen Identität, die keine Niederlage vermag, ihre *Kreuzfahrt für Gerechtigkeit* aufzugeben, am Ende seines Buchs Saña selbst ein – weist auf eine einschneidende Differenz. Offenbar ist die besagte Benötigung von so anderer Art, als für einen industriellen Bedarf gilt, daß dieser Unterschied keinen Analogieschluß erlaubt, der die Chancen des kämpfenden Ritters in der Bundesrepublik präjudizierte.

Es kann da auch Überraschungen geben: Vor der apokalyptischen Zäsur, die nur so zuverlässig wie schon für ihre Vorgängerin galt, in der Jahrtausendwende, die herannaht, vermutet wird, kann selbst Überfälliges, lange verloren Gegebenes, manchmal eingelöst werden; wenn es auch gewiß dafür keine Garantie gibt.

Inzwischen bleibt Heleno Saña zu seinem außerordentlichen Buch zu beglückwünschen. Nicht nur der *Stolz* und das *Selbstbewußtsein* seines Don Quichotte dürfte den fraglichen Chancen willkommen sein, dessen *hoffnungslose Verrücktheit* ist es, was einer geheimen, aber ihrer Heimlichkeit langsam überdrüssigen, niemals fahrengelassenen deutschen Hoffnung entgegenkommt, die stets *Spes contra spem* sagte.